싸나톨로지
Thanatology

# 싸나톨로지

초판 인쇄 2020년 12월 20일
초판 발행 2020년 12월 31일

지은이 | 김재경
디렉션 | 김덕순
펴낸이 | 천정한

펴낸곳 | 도서출판 정한책방
출판등록 | 2019년 4월 10일 제2019-000036호
주소 | 서울시 은평구 은평터널로66, 115-511
전화 | 070-7724-4005 팩스 | 02-6971-8784
블로그 | http://blog.naver.com/junghanbooks
이메일 | junghanbooks@naver.com

ISBN 979-11-87685-517  03120

이 도서의 국립중앙도서관 출판예정도서목록(CIP)은 서지정보유통지원시스템 홈페이지
(http://seoji.nl.go.kr)와 국가자료공동목록시스템(http://www.ni.go.kr/kolisnet)에서
이용하실 수 있습니다.(CIP제어번호:CIP2020054809)

* 이 저서는 2020학년도 배재대학교 교내학술연구비 지원에 의하여 수행된 것임.

죽음이 내재된 생명학

# 싸나톨로지
## Thanatology

김재경 저

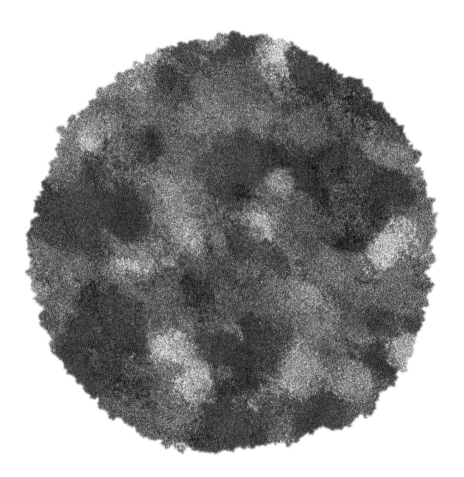

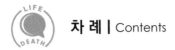

# 차 례 | Contents

## Part 1. 우리 시대, 필멸의 싸나톨로지

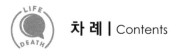

**차 례 | Contents**

# Part 2

## Part 2. 디지털 시대, 불멸의 싸나톨로지

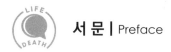

서문 | Preface

# 상실을 통해
# 인간 연대Human Solidarity를 꿈꾸며

>>>>> 삶이 힘들어 죽겠다는 그대와 나에게

저는 신기한 경험을 합니다. 매 주 매 시간 싸나톨
로지(죽음학) 수업을 통해 저는 학생들에게 죽음에 대
해 이야기 합니다. 죽음을 이야기했는데 학생들은 제게
삶을 말합니다. 죽음으로 인한 상실을 이야기하는데 학
생들은 치유와 회복으로 응답해 옵니다. 그리고 이웃의
삶과 죽음에 대한 관심으로 그들의 자세와 생각이 확장
되기 시작합니다. 무엇이 이렇게 이끄는가? 스스로 궁
금해졌습니다. 그 궁금증을 찾는 과정이 이 저서입니다.

나에게 그리고 너에게 죽음은 어떤 의미일까요? 왜 저는 죽음 인식을 가르치며 죽음의 의미를 생각하라고 할까요? 매일 매일의 삶이 버거워 죽음의 의미까지 생각하는 건 사치라고 말하는 것이 솔직한 마음일 것입니다. 게다가 죽음은 어느 누구도 경험해보지 못한 인간영역 밖의 것으로 느껴져 표현하기조차 어려운 두려움을 주는 단어입니다. 그래서 우리는 죽음을 외면하고 회피하면서 살아왔습니다. 하다못해 애써 죽음과 연결되는 단어나 숫자 하나도 피하며 살아왔습니다. '4'라는 숫자조차 죽음(死)을 연상시킨다 하여 건물의 층에서 혹은 동 호수에서 'F'라는 문자로 바꿔 버리는 것이 바로 우리 일상의 모습입니다.

일상이 이러하니 죽음에 대한 대화나 논의는 피해야 하거나 심각한 주제가 되고 말았습니다. 죽음을 추상적이고 일상적이지 않은 것으로 여겨 이것을 아예 멀리합니다. 〈죽음의 역사〉를 쓴 필립 아리에스<sup>Philip Aries</sup>의 주장대로 현대는 '금지된 죽음'의 시대인 것입니다. 죽음을 말하지 않아야 하는 사회인 것입니다. 그러나 생각해봐야 합니다. 죽음이란 단어를 필사적으로 기피하며 죽음의 의미에 대한 생각을 금지하고 숨길수록 인간은 더욱 왜소해지고 죽음에 의해 억압되고 있는 것은 아닌지 정직하게 성찰해 볼 필요가 있는 것입니다. 그런 마음으로 죽음을 그저 두려운 것이라고 생각하는 현대 사회에서, 열린 마음과 성찰로 죽음의 의미 찾기를 통해 삶의 소중함을 찾아보려 합니다. 죽음의 의미 찾기가 미래의 나를 위한 응원이 되어 현재 나의 삶에서 중요한 것을 놓치지 않기 위해서입니다. 아울러 우리가 무심하기 쉬운 이 사회의 빈번한 안타까운 죽음에 대해 우리가 인간의 연대성으로 바라보며 같이 아파해야 한다고 생각하기 때문입니다.

어느 날 갑자기 찾아오는 죽음이 내게는 절대로 일어나지 않을 것이라고 말할 수 없습니다. 아니 그 어느 때보다도 우리는 '죽음이 불확실한 시대'를 살고 있습니다. 여러 매체를 통해 듣는 죽음들을 비탄스런 인간의 상실로 여겨 아픈 감정의 간격이 좁아지는 것을 느낄 때마다 나와 전혀 상관없는 일이 아닌 것으로 보입니다. 아마도 예상하지 못한 죽음을 맞은 사람들도 방금 가족이나 친구나 주변 사람들과 웃고 인사하며 다시 만나기를 약속했을 것입니다. 그것이 그들만의 일이 아니고 나의 일이라 생각하면 하루하루 힘들고 주저앉아 울고 싶은 나의 날들이 새롭게 고마움과 안도감으로 다가올 것입니다. 이렇게 삶 옆에 공존하는 죽음에 대해 한 번쯤 생각해 보는 나만의 시간을 가져보기를 원합니다.

죽음을 의식할 때 삶이 더 빛날 것이고 죽음이라는 한계가 있기에 삶이 의미 있다면 죽음에 대해 자연스럽게 이야기 할 수 있어야 합니다. 삶이 힘들기에 더 가치 있게 살도록 삶을 빛내 줄 죽음을 인식하고 알아야 합니다. 그러면 시시해 보이고 똑같아 보이던 어제나 오늘이나 내일, 그 하루 하루가 소중하고 생생할 것입니다. 누구에게나 반드시 오게 될 확률 100%의 일에 전혀 무관심한 채로 준비없이 살아가지 않도록 해야 합니다. 그리고 지구상의 모든 인간에게 공평하게 오는 죽음이라는 상실을 의식할 때 비로소 '인간의 연대성'으로 이웃을 바라볼 수 있을 것입니다.

싸나톨로지는 죽음을 탐구하는 학문으로 죽음학이라고 불리웁니다. 싸나톨로지는 죽음과 죽어가는 과정을 다룰 뿐만 아니라 죽음이 깃든 인생의 비탄을 바라보고 그 상실에 대처하는 학문입니다. 죽음의 주인공은 인간이고 죽음학은 인간의 삶과 죽음을 다룹니다. 즉 죽음이 존재하는 인간의 삶을 생각하는 학문입니다. 죽음학의 대가 카스텐바움은 싸나톨로지를 '죽음이 남겨진 생에 대한 연구the study of life with death left in'로 정의하였고 존엄성 있는 죽음과 삶의 마무리를 위해 인류에게 삶과 글로써 경종을 울렸던 여의사 엘리자베스 퀴블로 로스도 죽음 탐구는 명백하게 '생명의 중요성the importance of life'에 있다고 말했습니다. 그래서 저는 싸나톨로지를 죽음학보다는 '죽음이 내재된 생명학'으로 부르는 것이 그 의미를 새기어 담는다고 생각합니다. 선구자들이 고민하며 제시한 길처럼 우리의 삶을 의미 있고 소중하게 살기 위해 죽음의 의미를 어떻게 만나면 좋을지 생각해보아야 합니다. 에이버리 와이즈먼은 사람들은 죽음을 불가피한 것으로 인정하지만 받아들이는 방법에 대해서는 준비되지 않았다고 하였습니다. 준비되지 않았을 뿐만 아니라 자신에게는 죽음이 쉽사리 오지 않을 것이라는 무모한 확신을 갖고 산다고 했습니다.

인간은 무언가를 배울 수 있는 특이한 타이밍이 있습니다. 예상치 못한 혼란과 인간의 한계가 바닥까지 드러난 이 시대야말로 죽음과 삶에 대해 새로운 접근과 담화로 우리 삶에 대해 배울 수 있는 '특이한 시점 singularity'이라 할 수 있습니다. 죽음 앞의 인간 모습이 존엄과는 거리가 멀다고 고통스러워하며 인간의 실존에 대해 고민한 죽음학 선구자들의 시대와 오늘이 크게 다르지 않습니다. 하루가 멀다 하고 자살이나 타살로 죽음을 맞는 사람들에 대한 뉴스, 혹은 안전이 담보되지 않아 쓰러지는 사람들 그리고 코로나로 죽음이 임박한 죽음을 기다리는 사람들의 숫자 표기에서는 인간의 본질은 사라지고 인간의 죽음이 그저 데이터로 간주되고 맙니다. 남은 사람들은 비탄을 가누지도 못하는데 우리는 죽음을 맞은 이와 남은 이들의 고통과 슬픔 언저리에서 무심히 이러한 현실을 받아들이며 보낼 뿐입니다. 그들도 우리의 이웃인데 죽음을 맞은 이들과 남은 사람들을 애도하고 인간의 연대감으로 같이 아파하도록 나누고 배워야 할 것입니다. 내가 먼저 죽음에 대해 직시하고 그 의미를 알 때 비로소 진심으로 남을 위로하고 함께 아파할 힘이 생길 것이기 때문입니다. 죽음이란 누구에게나 필연적인 일이기에 받아들이고 이해함으로 성장해야 할 것입니다.

한편으로 죽음이 금기된 이 사회에서 이제 예상치 못했던 새 세계가 더욱 혼란을 야기할 가능성으로 다가오고 있습니다. 호모 사피엔스<sup>Homo-Sapience</sup>였던 인간은 이제 더 이상 그 명칭이 적절해 보이지 않게 되었습니다. AI는 스스로 빅데이터를 활용해 학습하며 더 많은 지식과 길들을 만들어 내고 인간의 지식을 뛰어 넘는 시기에 대한 전망으로 AI에 밀려 날 인간의 모습이 사소하게 보이기도 합니다. 더 이상 인간을 호모 사피엔스라고 부르기 어려운 때라면 이제 인간은 진정 인간다움이 무엇인지를 고민해 봐야할 때입니다. 그러면 길이 어렴풋이라도 보일 것입니다. 죽음을 모르는 AI에 비해 죽음을 지각하고 준비할 수 있는 이성적이면서도 감성적인 존재, 무엇보다도 반드시 죽을 수밖에 없는 필멸성<sup>mortality</sup>의 존재가 인간이기 때문입니다. 죽음 교육의 길을 제시한 죽음교육학자 카스텐바움은 죽음을 '빼앗길 수 없는 권리an alienable right'라고 하였습니다. 생명, 자유, 행복 추구와 같은 양도할 수 없는 인간의 권리, 빼앗기거나 포기해서는 안 되는 권리인 죽음의 필멸성에도 불구하고 디지털에서 나의 아바타가 좀비같이 등장하여 영생을 꿈꾼다면 그것은 나의 의지와 상관없는 재난이 될 수도 있습니다. 디지털에서 펼쳐지고 있는 새로운 죽음의 세계는 낯설기도 하고 놀랍기도 합니다.

죽음이 금기시된 이 시대의 죽음과 디지털에서 더욱 빠르게 변화해 갈 죽음의 세계에 대한 관심과 염려에서 이 저서를 '싸나톨로지: 죽음이 내재된 생명학'으로 이름하여 1부와 2부로 기술하였습니다.

1부에서는 죽음이 금기시 된 우리 시대의 죽음 인식을 다루고

2부에서는 죽음이 불멸이 될 수 있는 디지털 시대의 죽음 인식을 다룹니다.

1부 우리 시대, 필멸의 싸나톨로지
2부 디지털 시대, 불멸의 싸나톨로지

특히 우리는 디지털에서 일어나고 있는 테크놀로지의 변화와 발전에만 관심을 두기 쉽습니다. 그러나 디지털 세계에서 이루어지는 죽음에 대한 급진적인 변화와 접근은 기존과는 전혀 다른 모습으로 몰려오고 있습니다. 이제 그 세계가 인간에게 미치는 영향에 대해서 인문학, 철학, 윤리학, 생명학, 사회학, 의학, 공학 등 융합적 관점에서 깊이 성찰을 해야 할 시점에 와 있습니다.

이 책은 기피되고 있는 죽음에 대한 인식과 대화가 양지로 올라와 누구나 자연스럽게 이야기하고 생각할 수 있게 저술하려고 노력하였습니다. 죽음에 대한 우리의 인식이 비판적이거나 설득력 있거나 자유로운 이야기가 펼쳐지도록 죽음에 대한 다양한 토론을 위해 구상하고 시작했습니다. 이 책을 통해 죽음학과 죽음 인식에 대한 더 많은 확장된 토론이 이루어지길 기대합니다.

# Part 1.
## 우리 시대, 필멸의 싸나톨로지

1

# 오묘한 인간의 죽음 의식

'인간은 참으로 심오하고 오묘한 존재입니다. 인간은 그가 속한 생태계의 동물들뿐만 아니라 다른 모든 사물과도 공감이 가능한 놀라운 존재입니다. 인간은 무엇을 먹을까 같은 사소한 문제를 고민하지만 한편으로 성장하고 바뀌어 가는 모든 유기체에 관심을 갖고 탐구할 수 있는 고도의 사고적 존재입니다. 인간은 지금 이 순간에 사는 존재일 뿐만 아니라 내적 자아를 지나간 어제로 확장하기도 하고, 호기심을 몇 백 년 전 과거로 보내 탐구하기도 하는 존재입니다. 어디 그뿐인가요? 상상의 시간에서 두려움을 지금부터 태양이 식어질 50억 년 후로까지 확장할 수 있는 존재이며 그의 희망을 지금부터 영원으로까지 확장할 수 있는 존재입니다. 그리고 인간은 아주 작은 땅덩어리나 지구 전역 어디에서나 살 수 있을 뿐만 아니라 그의 상상의 공간에서 은하계, 우주, 그리고 그 너머 우주의 차원에서도 살 수 있는 신비한 존재입니다.'[1]

그렇습니다. 인간은 무한한 상상력을 통해 태초와 영원을 가로 지르며 우주조차도 넘어설 수 있는 시공간을 초월하는 존재이며 실험과 시도로 새로운 차원을 발견해 내는 오묘한 존재입니다. 한편 인간은 이중적 존재이기도 합니다. 고개를 들어 하늘의 별을 보면서도 동시에 발은 땅을 밟고 심장이 뛰어야 숨을 쉴 수 있는 한계를 가진 존재입니다. 영원을 원한다고 노래하고 있으나 생명의 한계가 오면 모든 것이 그대로 멈춰버리는 그런 존재입니다. 이것은 아마도 인간이 가진 인정하기 싫은 존재적 모순이자 딜레마일 것입니다. 이러한 모순과 딜레마를 해결하는 길은 그 한계를 온전히 인정하는 데 있을 것입니다. 찰나에 모든 것이 멈춰버리는 한계, 바로 죽음을 인식하고 지금 이 순간을 생각해야 합니다.

하지만 인간은 자신이 궁극적으로 죽을 존재라는 것을 알고는 있지만 무관심하고 회피하고 싶어 합니다. 또한 모든 사람에게 일어날 일생일대의 사건에 대해 전혀 무관심하고 회피하고 싶어 합니다. 죽음을 탐구하는 지식은 삶을 돌아보게 하고 반성하게 하지만 인간이 이러한 지식을 거부하고 회피한다면 그것은 한계 속에 갇히게 되는 것입니다. 인간이 지닌 그 놀라운 상상력과 확장 가능성을 놓치게 되는 것입니다.

인간의, 인간을 위한, 인간에 의한 상상력과 확장 가능성을 지닌 인간다운 존재로서 살고 싶다면 죽음을 인식하고 탐색해야 합니다. 죽음에 관해 생각하지 않고 본능으로만 살다가 죽는 동물과 인간은 다른 존재라는 것을 생각한다면 죽음과 삶에 대해 생각해야 합니다.

우리 인간은 모든 사람이 평등하다고 외칩니다. 공평을 외칩니다. 그 외침에도 불구하고 이 말이 공허하게 들리는 것은 사실 사람들의 상황과 환경이 매우 다르기 때문입니다. 인간은 모든 사람이 태어났다는 사실만이 공평할 뿐 출생부터 공평하지 않으며 각자가 다릅니다. 남자와 여자라는 성별, 백인과 흑인 같은 인종, 추운 곳과 더운 곳 같은 지역, 태어난 국가가 다릅니다. 마찬가지로 살아가는 것조차도 다양한 변수로 인해 다릅니다.

그러나 이 모든 것을 초월해 인류에게 공평한 것이 있습니다. 바로 죽음입니다. 공평을 외치면서 모두에게 공평한 죽음에는 왜 관심을 갖지 않을까요? 관심을 갖지 않는 정도가 아니라 왜 죽음을 외면하려 할까요?

어네스트 베커Ernest Becker는 그 이유를 인간이 죽음을 두려워하기 때문이라고 합니다. 사실 죽음에 관한 두려움은 인간에게는 보편적인 현실일 것입니다. 또한 그가 말한 "죽음에 대한 공포의 보편성은 인간학의 여러 분야에서 수집된 자료를 하나로 묶는 끈이며 인간 행위를 놀랍도록 명료하게 이해하는 열쇠"라는 견해의 적확함에 동의합니다. 그렇습니다. 죽음은 인간을 그리고 인간에 관한 여러 분야를 하나로 묶어주는 끈입니다. 그래서 은폐하지 말고, 위장하지 말고, 피하지도 말고 온전히 받아들여야 합니다. 정면으로 부딪혀야 합니다. 그것이 정체를 알 수 없는 죽음에 대한 불안을 감소할 수 있는 방법이며 성숙하게 마주할 수 있는 길입니다. 죽음을 진지하게 바라보며 인식하는 삶을 사는 것이 우리에게 유익하며, 죽음에 대한 두려움을 극복하는 최선의 기회일 것입니다. '죽음이 내재한 삶'을 우리가 함께 이야기하고 사회에서 성숙한 이해가 이루어질 때 비로소 우리는 죽음의 두려움을 극복하고 인간이 가진 그 놀라운 상상력과 확장 가능성을 펼칠 수 있게 될 것입니다. 그리고 그때 비로소 인간이 오묘하고 신비한 존재라는 사실을 생생히 인식하고 인간의 진정한 고유함과 특별함을 회복할 수 있을 것입니다.

# 인간은 죽음으로 산다

　　인간은 누구나 자신이 죽는 다는 것을 알고 있습니다. 위험에 대해 일반적으로 느끼는 불안도 사실은 죽음에 대한 두려움이기도 합니다. 인간이 갖는 이 보편적인 불안과 두려움은 수많은 철학자들의 심오한 주제이기도 했으며 속 시원한 답을 찾기 위해 그렇게 오랫동안 죽음에 대해 심도 있는 고민을 했는지도 모릅니다. 죽음에 대한 원초적 불안 때문에 인간은 자신이 인지하든 인지하지 못하든 자신의 평온한 삶의 자리에서조차 이유 모를 불안으로 서성입니다. 불안한 사람은 월터 캐논

Walter Bradford Cannon이 '투쟁 또는 도피'에 대한 준비 상태라고 묘사한 극도의 긴장 상태를 경험하게 됩니다. 이 긴장 상태는 급성 스트레스 반응이라고도 하는데 인지된 유해한 사건, 공격 또는 생존 위협에 대한 반응으로 발생하는 생리적 반응입니다. 교감 신경계의 일반적인 방출로 위협에 반응하여 싸우거나 도망치려고 하는 하나의 준비를 하는 것입니다. [2]

가시적인 위협이 지나가거나 극복되면 사람은 정상 기능으로 돌아가지만 죽음의 불안은 인간의 심연에 가라앉아 지속됩니다. 그러면서 죽음의 불안은 그 사람에게 계속해서 가능한 위험을 경고하며 안타까이 지속적으로 사인을 보냅니다. 그래서 인간은 자신이 원치 않아도 계속해서 위험에 처한 것처럼 불안해 합니다. 이러한 장기간의 스트레스는 사람의 온전한 삶을 방해하고 사람 간의 관계를 왜곡하며 생명을 위협하는 신체적 변화를 일으킬 수도 있습니다. 그러면 죽음에 대한 경보는 필요 없는 것일까요? 아니면 이러한 경보가 울리지 않는 것이 좋을까요?

죽음에 대한 불안은 인간이 갖는 가장 큰 불안의 원

인이라고 생각합니다. 죽음의 불안은 그 불안에 대한 대처 능력이 없거나 약하기 때문에 나오는 방어적이면서도 정상적인 반응입니다.

사람들은 두려운 것보다는 불안한 것에 더 많이 좌우 됩니다. 왜냐하면 두려움은 불안보다 구체적인 위험이기에 그것을 해결하는 것도 더 용이하다고 느낍니다.

사람들이 두려워하는 것에는 과도한 일이 부과되는 것, 자신의 능력으로 해결이 어려운 상황을 만나는 것, 폐쇄 공포증같이 닫힌 작은 공간 안에 있는 것, 비행기를 타는 것, 높은 곳에 오르는 것, 묘지를 보는 것, 대중 앞에 서는 것, 군중 속에 있는 것, 혹은 혼자 있는 것 등 수많은 사례가 있습니다. 두려움은 불안과 달리 보다 구체적인 위협과 관련이 있기 때문에 사람의 일상생활을 방해할 가능성이 적고 불편한 상황을 피하는 방법을 배우거나 긴장을 풀고 마스터하는 방법을 배울 수도 있습니다.

어네스트 베커는 그의 저서 〈죽음의 부정The Denial of Death〉에서 그의 실존적 견해를 제시하였는데 그는 죽음 불안 이론을 은폐되었던 곳에서 대중들이 논의할 수 있는, 드러나는 곳으로 가져왔습니다. 죽음 불안은 현실적 일뿐만 아니라 사람들의 가장 깊은 관심사라는 것을 말입니다. 이 불안감은 너무나 강해서 사람들이 일상생활에서 경험하는 특정 두려움과 공포증을 전부는 아니더라도 대부분을 유발시킵니다. 죽음을 맞아 처하게 되는 혼자 있거나 제한된 공간에 있다는 두려움은 죽음의 불안과의 연관성을 비교적 쉽게 추적할 수 있는 두려움입니다. 이 근본적인 불안을 어떻게 해결해야 하는 지에 대해서 명확한 답은 없어 보입니다.

인간은 자연으로부터 동물로부터 뚜렷하게 구분되는 존재인 동시에, 죽으면 어쩔 수 없이 육신이 자연으로 사라진다는 딜레마를 안고 있습니다. 베커는 인간 자신이 죽음의 공포와 딜레마에 사로잡혀 있음을 받아들이고 무능력과 연약함을 직시하는 것이야말로 보통 인간과 실존적 영웅의 가장 큰 차이점이라고 설명합니다. 그렇습니다. 죽음을 피하기보다 그대로 인정하고 받아들일 때 그리고 만물의 영장이라고 부르지만 실상 죽음 앞에 무기력하고 나약한 존재라는 것을 받아들일 때 비로소 인간은 불안의 끝자락을 잡고 그것을 극복할 단서를 잡는 것이라 생각됩니다. 왜 죽음을 생각하고 죽음학을 탐구해야 하는지를 묻는 사람에게 그렇게 답할 수 있습니다.

죽음을 마주하고 인정하므로 우리에게 주어진 존엄한 삶을 사는 것이 우리가 취할 수 있는 가장 힘 있는 방법이라는 것을 말입니다. 그것이 정체모를 죽음의 불안을 감소할 수 있는 방법이며 죽음을 이길 수 있는 방법이라는 것을 말입니다.

은폐하지 말고

위장하지 말고

피하지도 말고 온 몸으로 받아들여야 합니다.

정면으로 죽음과 마주해야 합니다.

그렇게 용기를 낸 우리 앞에 비로소 죽음도 감추어진 그 모습을 조금이나마 드러낼 테니까요.

# 싸나톨로지: 죽음이 내재된 생명학

싸나톨로지는 죽음학으로 번역됩니다. 죽음에 대처하는 여러 측면과 죽음에 관련된 사안을 다루니 죽음학이라고 명명하지만 정작 죽음의 주인공인 인간을 생각한다면 인간의 삶과 서사를 말하지 않을 수 없습니다. 죽음학의 탐구 대상인 죽음은 인간 삶의 마침을 뜻합니다. 그래서 우리는 삶의 마지막이며 삶이 끝나는 죽음을 삶과 전혀 무관한 별개의 독립된 사건으로 생각하기 쉽습니다. 감각을 통해 느끼고 생각하고 움직이며 살아있던 상태에서 생명의 기능이 멈춘 죽음이라는 영원히 회복 불능의 정지 상태가 되기 때문에 그렇게 생각하기 쉬운 것입니다. 그러나 죽음은 삶과 전혀 별개의 사건이 아니며 죽음 자체만을 따로 떼어내어 생각할 독립된 요인이 아닙니다. 삶에서 죽음을 인식함으로 삶을 의미 있고 가치 있게 하는 것에 시선을 두어야 합니다.

어쩌면 죽음학의 어원을 살펴보는 것도 그에 대한 이해에 도움이 될 것입니다. 죽음학, 즉 싸나톨로지<sup>Thanatology</sup>는 그리스어에서 파생된 단어입니다. 그리스 신화에서 나온 '싸나토스Thanatos(θάνατος: 죽음)'에 그리스어 접미사 '-logia(-λογια: 말하기)'에서 파생된 '-ology'를 붙여 학문명인 '싸나톨로지<sup>Thanatology</sup>'가 됩니다. 그리스 신화에서 싸나토스는 죽음을 의인화한 것으로 죽음 정신 혹은 죽음 의식을 뜻합니다.

'Thanatology'는 그리스어 용어의 직접적인 언어 상속자이며 영어로는 1800년대 중반에 처음 문서화되었고 학문으로서 싸나톨로지는 죽음에 대한 태도, 사별과 비탄의 의미와 행동 및 제반 문제를 탐구하는 것입니다. 죽음 자체만이 아니라 죽음이 인생에 미치는 여러 영향을 탐색하며 죽음이라는 상실에 대처하는 내용들이 담깁니다. 이러한 죽음 의식, 싸나토스가 영어 단어로 등장한 것은 100년이 채 못 된 1935년이었습니다. 이 시기는 전 세계를 암흑으로 몰아넣은 1차 세계대전으로 인해 전 인류가 비참한 죽음으로 얼룩진 시대입니다. 이 시대를 배경으로 죽음학 연구를 시작한 위대한 죽음학자들은 하나같이 그 시대의 비인간적인 죽음과 인간의 존엄과 실존에 관한 관심이 합쳐져 죽음을 연구하기 시작했습니다.

죽음학의 선구자이자 미국 심리학자인 허만 페이펠 Herman Feifel은 제 2차 세계 대전으로 인한 인간의 참담한 실상을 현실의 삶에서 목도한 사람입니다. 그는 1942년 육군 항공대에 입대하여 해외 전투 군인을 치료하는 임상심리학자로 일합니다. 미국은 1944년 티니안 섬을 점령하였고 페이펠은 1945년 티니안 섬에 배치됩니다. 그는 티니안 섬에서 히로시마에 원자폭탄 투하한 B-29 폭격기 '이놀라 게이Enola Gay'가 이륙하는 것을 지켜봅니다. 1945년 8월 6일 새벽 티니안 섬에서 이륙한 '이놀라 게이' 폭격기는 2,530km를 날아 이날 일본 표준시로 오전 8시 15분 히로시마 상공 9,500m 고도에서 인류 최초의 핵폭탄인 '리틀 보이Little Boy'를 떨어뜨립니다. 히로시마에 살던 사람들의 삶과 생명에 어떤 결과가 초래되었는지 그 처참함은 사람들의 상상 수준을 넘어서는 것이었습니다.

페이펠은 이 사건으로 큰 충격을 받았으며 죽음에 대해 연구를 시작하게 됩니다. 아울러 1952년 어머니의 죽음 역시 그에게 죽음학에 대한 관심을 촉진시킨 계기입니다. 그는 그 자신이 의도하지 않았지만 역사의 한가운데 있었고 그의 인생에서 처참한 인간 재난과 사랑하는 어머니의 죽음을 경험함으로써 1959년에 인간의 죽음, 죽음에 대한 태도, 사별에 관한 내용으로 학자들에게 죽음 연구에 활력을 불어 넣어준 위대한 저서 '죽음의 의미The Meaning of Death'라는 책을 발간한 것입니다. 그 기저에는 죽음과 죽음의 일상적인 문제를 포함하여 삶의 실존적 가치와 풍요에 대해서 심리학이 무관심한 것에 대한 반감도 컸습니다. 죽음을 연구하는 이유가 단지 죽음이 초점이라기보다 죽음으로 인한 인간 실존의 의미, 삶과 생명의 의미를 생각함이라고 할 수 있습니다.

　　임상 현장에서 비인간적인 죽음을 목도하고 인간다운 죽음을 환기시켜 죽음 연구에 지대한 공헌을 한 엘리자베스 퀴블러 로스<sup>Elisabeth Kübler-Ross</sup>도 마찬가지입니다. 평생 죽음에 대해 연구한 그의 연구의 초점이 오로지 죽음에 있었을까요? 그는 1926년 스위스 취리히에서 세쌍둥이로 태어납니다. 똑같은 모습의 두 자매를 보며 그는 자신의 정체성에 대해 고민합니다. 그의 평생을 따라 다녔던 질문은 '나는 누구인가?', '어디로 와서 어디로 가는가?'와 같은 실존적 질문이었습니다. 그 삶의 실존 문제 위에서 그의 의학적 관심이 생겨났고 삶과 죽음에 대해 탐구합니다. 그는 의사로서 죽어가는 사람들과의 인터뷰를 통해서 죽음을 앞둔 환자들이 인간답게 대우받지 못하는 것을 알게 됩니다. 죽음을 앞둔 환자들의 삶을 의미 있게 마감하도록 하는 것이 중요한 과업이라는 것을 발견하고 그 일에 평생을 헌신합니다. 그래서 78세인 2004년 마지막을 앞둔 병상에서 그는 자신의 연구 핵심에 대해 언급합니다. 마지막 임종을 앞두면 누구나 진솔하게 또 자신이 귀중히 여겼던 과업에 대해서 이야기할 것입니다. 그의 연구 초점과 주제가 죽음이었다고 말했을까요? 평생 죽음을 연구한 그가 말한 것은 '죽음'이 아니라 '삶'이었습니다. 그가 얼마나 삶을 귀중히 여겼는지를 알 수 있습니다. 그가 병상에서 남긴 그의 책 '생의 수레바퀴The Wheel of Life'는 다음과 같이 시작합니다.

"나는 오랫동안 나쁜 명성으로 괴롭힘 당해왔다. 실제 사람들은 나를 '죽음의 여인'으로 간주해왔다. 30년 이상 죽음과 죽음 후의 삶에 대한 연구를 해왔기 때문에 나를 죽음 전문가로 여기는 것이다. 그러나 그들은 정말로 중요한 것을 놓치고 있다. 내 연구에서 유일하고도 명백한 사실은 '삶의 중요성The Importance of Life'에 초점이 있다는 것이다." [3]

실제로 그가 마지막으로 쓴 대표적인 저서도 죽음 수업이 아니라 '인생 수업Life Lessons'입니다. 죽음 연구로 죽음학의 학문적 길을 낸 죽음학의 대가 카스텐바움 Kastenbaum 역시 죽음학을 '죽음이 남겨진 삶에 대한 연구The Study of Life With Death Left in'로 정의하면서 죽음을 중심에 둔 것이 아니라 죽음이 내재된 삶에 초점을 둡니다. 이렇게 싸나톨로지는 죽음 자체만을 탐구하고 다루는 학문이 아닙니다. '죽음이 내재된 삶' 즉 인생을 위한 죽음학인 것입니다. 죽음이라는 상실을 건강하게 극복하고 인류에게 선한 영향력을 끼친 페이펠이나 퀴블러 로스도 우리와 다를 바 없이 죽음 앞에 나약한 존재이나 그들은 죽음 앞에서 어떻게 해야 할지 생각하고 실행한 사람들입니다. 낙담하고 절망하고 주저앉아 그 시대가 죽음에 반응하는 방식으로 똑같이 살았다면 오늘과 같이 죽음을 인식하므로 삶의 의미와 가치를 생생하게 해주는 죽음학은 없었을 것입니다.

싸나톨로지는 '죽음이 내재된 생명학'입니다. 삶과 별개가 아닌 죽음이 내재되어 우리 인생에 영향을 끼치는 삶의 학문이자 생명의 학문, 그래서 '죽음이 내재된 생명학'인 것입니다. 죽음에 어떤 의미를 두고 어떻게 인간답게 반응할지 생각하게 하는 학문입니다. 인간의 생명과 삶을 성찰하게 하는 우리는 누구나 죽음을 경험하고 목도하고 종국에는 죽음을 맞이합니다. 그 죽음에 대해 무관심하게 여기고 살아간다면 우리 인생의 모습은 삶의 중요한 가치와 의미가 실종된 허무한 것이 되기 쉽습니다. 죽음과 삶을 대함에 있어 나 스스로가 내린 선택과 결정이 내 인생만의 개별성과 독특함을 이루어 낼 것입니다. 아름답거나 그렇지 못하거나 그것에 대한 책임자도 나일 것입니다.

# 마음으로 살핀 슬픔!
# 마음으로 살핀 죽음!

　　사랑하는 사람의 죽음은 무엇으로도 어떠한 말로
도 위로받을 수 없는, 심연을 알 수 없는 고통으로 몰아
넣습니다. 언어가 사람의 생각을 담아내기 어렵다는 것
을 느끼는 순간이기도 할 것입니다. 죽어가는 사람의 고
통을 옆에서 지켜본다는 것은 아픈 당사자만큼 힘들게
느끼는 시간이기도 합니다. 더구나 이러한 상황을 극복
하고 회복되어 함께 잘 살았다는 해피엔딩이 아니라 죽
음이 그 끝이라면 이것은 세상을 잃은 것 같아 자신도
모르게 슬픔과 비탄으로 원망과 절망의 늪에서 회한의

독백을 쏟아낼 것입니다. 떠난 이를 놓지 못하며 버림받은 자로 남겨진 것 같은 아픔, 내가 고인 대신 가야 하는 것은 아닌지 무력감과 자책감이 몰려 올 것입니다. 이렇게 사랑하는 사람의 고통과 아픔을 옆에서 지켜보며 결국 죽음을 맞은 이를 떠난 보낸 회한을 일기 쓰듯이 글로 쓴 사람이 있습니다.

20세기 기독교 변증론의 거인 중 한 명인 클라이브 스테이플스 루이스Clive Staples Lewis, 그는 우리가 일반적으로 부르는 C. S. 루이스입니다. 그는 저서, 수필, 강의 및 편지 등을 통해 기독교 신앙에 대한 합리적이고 깊이 있는 논조를 펼쳤고 그의 작품들은 수십 년 동안 많은 사람들을 설득하고 영감을 주었습니다. 그런데 그의 글에서 지성적이고도 영성 있는 믿음의 상태를 표현했던 것 같이 그의 실제 삶에서의 모습도 그러했을까요? 삶에서 그의 믿음에 심각하게 도전장을 내민 것은 아내의 불치병과 죽음입니다. 그녀의 죽음은 그로 하여금 층층이 쌓아올린 지적 논증을 부수고 그의 글에서 볼 수 없었던 그답지 않은 상처 입기 쉬운 연약성과 무력감을 드러내는 개인적인 성찰을 기록하게 합니다.

〈관찰된 슬픔A Grief Observed〉은 그가 실제 삶에서 마주친 슬픔에 대한 루이스의 독백이며, 단순한 이성과 지성주의만으로는 설명할 수 없었던 가슴 아픈 고통에 대처하기 위한 그의 투쟁을 그린 일기 형식의 글입니다. 50대 후반 늦은 나이에 결혼한 루이스가 아내와의 사랑과 사별에 대한 깊은 슬픔에 관한 기록입니다.

루이스는 죽은 아내의 첫 결혼 상대는 아닙니다. 죽은 아내의 첫 결혼은 소설가인 남편을 만났으나 불행했고 그 가운데 신을 찾기 시작하면서 개혁 유대교를 탐구하여서 루이스의 책을 읽게 됩니다. 그것이 성경 읽기로 이어져 그녀는 복음서와 예수 그리스도 안에서 탐구에 대한 답을 찾았습니다. 그의 책을 읽고 그리스도를 알게 된 그녀는 용기를 내어 루이스에게 편지를 쓰고 그 편지로 연락하기 시작한 것이 루이스와의 인연이 됩니다. 그 사이 그녀의 남편은 다른 사람을 사랑한다며 이혼을 요구해 결국 첫 번째 남편과는 헤어집니다. 그녀는 미국에서 살았으므로 두 아들을 데리고 영국으로 가게 되고 마침내 루이스와 결혼합니다. 여러 난관을 뚫고 결혼에 이르러 행복해야 할 이들이 그녀의 암으로 그만 고통의 터널을 지나게 됩니다. 루이스의 정성스런 간호에도 불구하고 사랑하는 그녀를 잃으면서 그 비탄을 일기 형식으로 써 내려간 것이 바로 이 책입니다. 58세에 마음을 다해 사랑한 여인을 잃은 루이스는 그 슬픔으로 방황하는 자신의 모습을 가감 없이 그대로 묘사합니다.

"예외 없이 모든 연인들에게 사별은 보편적이고 필수적인 것입니다. 사별은 사랑에 대한 우리의 경험 중 일부입니다. 여름에 이어 가을이 오듯이 구애를 따라 결혼이 이뤄지듯이 일반적으로 결혼 다음에는 죽음이 따릅니다. 이는 프로세스의 절단이 아니라 여러 단계 중 하나입니다. 춤이 중단된 것이 아니라 다음 양식으로 나아간 것입니다. (중략) 어떤 이유에서인지-하나님을 자비롭고도 선하게 느끼는 것만이 내가 생각할 수 있는 유일한 방도입니다-나는 그런 것에 신경 쓰는 것을 그만 멈추게 되었습니다. 그러자 놀라운 일은 내가 그런 것에 신경 쓰는 것을 멈추므로, 그녀가 여기저기 모든 곳에서 나를 만나주는 것 같다는 것입니다."[4]

그 두 사람의 사랑을 그린 영화 〈섀도우랜드<sup>Sha-</sup>
dowlands〉에서는 영화적 표현이 더해졌겠지만, 그의 저술
못지않게 사랑하는 사람을 잃은 절절한 고통이 전해져
옵니다. 고통의 의미에 대해 그는 하나님께서 조각을 만
드실 때 돌을 다듬으시는 것으로 묘사합니다. 연장을 이
용해 돌을 쪼개고 다듬을 때 그 돌은 너무 고통스러울
것입니다. 이러한 과정을 거치고 나면 비로소 작품인 조
각이 된다고 말합니다. 이처럼 아픔을 겪으며 인간이 완
벽해 짐으로 고통 속에 담긴 신의 뜻을 숭고하게 받아
들여야 한다며 지성과 영성을 겸비한 강연을 했습니다.
그러나 사랑하는 여인이 암에 걸려 생의 종착역을 향해
가는 것을 바로 옆에서 지켜보며 진정 그 사랑만큼 처절
하게 아픈 고통을 겪은 그는 자신이 했던 강연이 얼마나
피상적인 것이었는지 토로합니다. 자신이 숭고하게 외쳐
왔던 것이 실제로 이토록 숨 막히게 아픈지 모르고 말
한 것이었다는 것을 말입니다.

책의 전반에서 루이스는 하나님께 질문을 던집니
다. 내가 이토록 고통 속에 빠져 있는데 신은 어디에 있
습니까? 내가 하나님께 다가간다 해서 무엇을 얻을 수

있나요? 죽은 사람은 정말 평화롭습니까? 사랑하는 사람이 죽음을 맞으면 어디로 가나요? 내가 사랑하던 아내도 죽음 후에 살아 있는 나처럼 상처를 받을까요? 나는 이런 고통에 빠져 있는데 하나님은 선하신 건가요? 그렇다면 왜 우리는 이렇게 상처를 입어야 합니까? 우리의 믿음이 이런 첫 번째 시험에서 무너진다면 그 믿음은 무엇인가요? 그게 믿음이긴 할까요?

루이스는 슬픔과 회한 속에서 터져 나오는 의문을 쏟아내며 절규합니다. 사랑하는 이를 잃었을 때 던질 수 있는 모든 질문들을 던집니다. 그의 '슬픔'은 두 가지 의미에서 비롯된 것입니다. 하나는 그가 그토록 사랑하는 사람이자 영혼의 동반자를 잃은 비탄에서 나온 것입니다. 다른 하나는 자신의 보혜사, 자신의 돌봄이, 자신의 보호자가 될 것으로 기대하는 하나님으로부터 버림받았다고 느끼는 아픔에서 나온 것입니다.

루이스는 '하나님은 어디에 계십니까?'라는 질문을 던지며 자신이 버림받은 느낌을 말합니다. 알베르 까뮈 Albert Camus도 그의 소설 〈전락The Fall〉에서 루이스와 비슷한 상실의 경험을 묘사합니다. 그는 죽음만이 우리의 감정을 일깨우고 죽은 자는 우리의 마음을 가져가고 아무런 의무도 없이 떠나지만 남은 자는 아픈 마음으로 짊어져야 하는 회한을 이야기 합니다. 남은 자의 고독이고 남은 자의 고통이며 남은 자의 절망입니다.

'사랑하던 헬렌이 죽었을 때 하나님도 사라진 것 같아요.' 그러나 루이스는 이러한 처절한 고백적 기록 끝에서 자신이 아내와의 이러한 관계로 인해 영원히 변했다는 것을 서서히 깨닫습니다. 그가 아내와 무관하게 자신의 슬픔에 사로잡혀 있다는 것을 알게 됩니다. 그리하여 끝내 아내를 떠나보내며 아내에게 보내는 공개서한을 쓰게 됩니다. 마치 하나님의 사랑이 계속되듯이 우리의 사랑이 계속될 것이라고 말합니다. 마지막으로 그는 사랑했던 아내를 하나님과 천국과 영원한 샘에 놓아줍니다. 분노하고 고뇌한 과정이 있었기에 그는 사랑의 긍정을 회복하고 스스로 이겨낼 힘을 얻었습니다. 사랑하는 이를 떠나보낸 절절한 아픔 가운데 있으신가요. 그렇다면 회한의 강을 건너 성숙하고 강해진 모습으로 거듭날 수 있는 힘을 그의 진솔한 고백에서 얻으시길 바랍니다.

# 연민과 공감이 내게 주는 선물

죽음을 앞둔 사람을 바라보고 돌보는 일은 극도의
긴장과 슬픔이 교차하는 어려운 일입니다. 아마도 일각
을 다투며 생사가 오가는 전쟁터와 같을 것입니다. 밤낮
을 가리지 않는 극한의 수고로 인해 간병하는 가족이나
돌보는 사람이 환자가 될 지경에 이르기도 합니다. 그렇
게 애쓰는 당신에게 환자의 날카로운 말 한마디는 맥이
풀리게 하고 애써 버텨온 마음을 무너지게도 합니다. 때
론 실낱같은 회복이라도 보이면 새로운 해가 떠오르는
것같이 기대와 희망에 마음이 부풀기도 합니다만 악화

되었다는 의료진의 한마디에는 그만 다리가 풀려 풀썩 주저앉고 싶은 상태가 되기도 합니다. 죽음을 앞둔 환자를 계속 돌보는 일은 정신과 육체가 모두 소진되는 한계를 경험하는 일입니다.

환자를 돌보는 어려운 일을 할 수 있다는 것은 다행히도 환자에게 연민의 마음이 느껴지기 쉽다는 것입니다. 연민compassion이라는 단어는 라틴어에서 유래했으며 "가련하게 여기다", "고통을 겪다"를 의미합니다. 연민과 공감은 다른 사람의 고통을 같이 느끼고, 헤아리고, 받아들일 수 있게 해주는 인간의 고유한 특성입니다. 그러한 감정이 있어 사람들은 타인을 돌보고 그것을 유지하는 것입니다. 독일의 철학자 마틴 하이데거Martin Heidegger는 돌보는 능력이야말로 인간 조건의 기본적인 측면이라고 합니다. 아울러 그는 '상처받기 쉬운 연약성 vulnerability'이야말로 인간 조건에서 뺄 수 없는 특성으로 인식되어야 한다고 말합니다. 상처받기 쉬운 연약성이 있기 때문에 인간 존재의 공존과 보살핌이 가능하고 그러한 연약한 인간을 존중하는 것이야말로 간병하는 데에 우선순위가 되어야 할 것입니다.

연민이 얼마나 큰 미덕인가 하는 것은 종교를 살펴
보아도 알 수 있습니다. 주요 종교에서는 공통적으로 가
장 고귀한 영적 미덕 중 하나로써 연민을 꼽습니다.

　　기독교에서 연민은 하나님의 사랑과 자비입니다. 그
것은 하나님이 자신의 형상을 닮도록 지은 창조물과 상
호 작용하는 방식이며 하나님의 형상을 따라 지음 받은
사람들이 하나님과 같은 마음으로 서로 상호 작용해야
하는 방식이기도 합니다. 연민은 또한 불교의 주요 덕목
이기도 합니다. 부처님은 모든 창조물에 대해서 자비로
운 연민을 나타냅니다. 그래서 불교의 연민 또는 자비를
뜻하는 카루나karuna는 모든 존재의 고통을 이해하고, 고
통을 없애도록 돕는 상호의존적이고도 호혜적인 마음
입니다. 힌두교에서 비폭력을 뜻하는 아힘사ahimsa는 역
동적 연민으로 부상이나 살상을 피하는 것으로 행동 뿐
아니라 말과 생각에서도 모든 생물을 해치는 것을 피하
는 것입니다. 이런 윤리적 원칙에서 도움이 필요한 사람
들을 존중하고, 봉사하고, 배려하는 열린 마음의 적극
적인 반응을 뜻합니다. 이것은 간디의 비폭력 해방 운동
의 주요한 측면이기도 합니다. 이러한 종교들의 영적인

측면에서 자애로운 보살핌을 통해 타인의 고통에 동참하고 중요시하는 미덕을 볼 수 있습니다.

이러한 연민의 마음을 잘 알고 행하고 싶은 갈망에도 불구하고 죽음을 앞둔 환자를 돌보다 완전히 지쳤을 때 혹은 의외로 돌보는 기간이 길어져 사랑과 연민의 마음마저도 사라질 때 무엇이 힘이 될 수 있을까요?

연민은 저절로 온다기보다 타인과 함께하고 그들의 고통을 덜어주기 원하는 마음을 적극적으로 선택하는 데서 온다는 것을 기억하는 것입니다. 당연히 우러나오는 것이 아니라 선택이라는 것입니다. 그래서 의지적 결정으로 상처받기 쉬운 연약성과 고통받고 결국 죽어갈 인간 존재에 대한 연민의 마음을 되새기고 돌봄을 행하는 것입니다. 우리는 모두가 서로 동일한 필멸의 조건을 공유하고 있음을 받아들이며 언제라도 이런 보살핌을 받아야 할 존재로 나조차 예외가 될 수 없다는 것을 상기하면 돌봄으로 지쳤을 때 적극적이고 강한 마음으로 행할 수 있을 것입니다. 이와 함께 이러한 돌봄이 나의 인간적이고도 영적인 성장을 가져다준다는 것을 기억하는 것입니다. 그럴 때 연민으로부터 상대방의 상황에 있는 것이 진정 어떤 것인지를 깊이 인식하는 공감이 나옵니다. 공감은 다른 사람의 고통에 대해 깊이 있게 이해하도록 해주는 열쇠이며 연민의 한 측면이기 때문입니다.[5]

공감은 거리낌이나 판단함 없이 상대방의 경험을 받아들이고 감싸 안을 수 있는 열린 마음이 필요합니다. 공감은 상대방의 고통스러운 경험 안으로 들어가서 함께 머무는 것을 뜻합니다. 죽음학과 관련된 여러 저서를 출간하고 한국 죽음학 분야에 많은 공헌을 한 죽음학 학자 임병식 교수는 돌보는 사람이 공감이나 연민을 넘어서 아예 재귀적으로 환자의 1인칭 시점으로 들어가야 한다고 합니다. 내가 돌보는 사람으로 다가가는 것이 아니라 그저 환자 그 사람이 되는 것입니다.[6]

죽음을 앞둔 사람은 고립감, 외로움, 무력감으로 깊은 고통 속에 머무릅니다. 이런 임종 환자를 돌보는 것은 그 고통을 함께 참아내고 함께 겪는 것입니다. 환자와 돌보는 이의 명백한 대인 관계 사건입니다. 돌보는 사람은 친지, 친구, 호스피스 자원 봉사자, 남편, 아내 또는 자녀일 수 있습니다. 죽음을 앞둔 사람들에게는 연민을 담은 일상적인 대화와 능동적 경청으로 다가 갑니다. 대화 중에 임종 환자의 이름이나 구체적 호칭을 사용하고, 그 사람의 손을 잡고, 눈을 맞추고, 미소 짓고, 다가가며, 앞으로 귀를 기울이는 등 환자와 공감해주는 유대감만으로도 개선될 수 있습니다. 이런 감정은 돌봄을 받는 사람만 일방적으로 느끼는 것은 아닙니다. 쌍방향의 감정입니다. 돌보는 사람도 임종을 앞둔 사람과의 공감으로 인한 친밀한 관계에서 오는 만족감을 느낄 수 있습니다. 그래서 험난한 돌봄 과정이 당신에게도 유익이 되는 것입니다.

시슬리 손더스<sup>Cicely Saunders</sup>는 죽어가는 사람과 함께 있을 때 우리가 일방적으로 베푸는 위치에 있는 것은 아니라고 일깨웁니다. "조만간 죽어가는 사람과 함께 지낸 사람이라면 누구나, 그들이 인내, 용기, 유머를 활용해야 할 상황에 부딪혔을 때, 베푼다기보다 죽어가는 당사자로부터 배우고 있음을 알게 된다." [7]

임종 환자 앞에서 우리는 더 많은 것을 깨닫게 됩니다. 나의 존재가 무엇인지, 나는 어디로 가는지, 무엇을 위해 살아왔는지, 그리고 어떻게 살아야 할 것인지, 죽음을 어떻게 맞아야 하는지 인생의 궁극적인 질문을 임종 환자를 통해서 배우게 됩니다. 이런 자세와 마음가짐은 돌봄에 지쳤더라도 연민의 마음으로 죽음을 앞 둔 환자의 고통을 나누기 위해 지속적인 관심과 노력을 기울이게 해줍니다. 끝까지 환자에 대한 연민과 공감을 유지하며 돌보기 바랍니다. 그래서 테레사 수녀는 연민을 '행동하는 사랑Love In Action'이라고 말합니다. 연민의 행동으로 임종 환자의 필요에 주목해 나 자신의 욕구를 버린다면 오히려 내 자신의 가장 깊은 욕구를 충족시키는 결과를 얻을 것입니다. 기억하십시오. 돌보는 사람은 반드시 거창한 무언가를 한다기보다 단순히 '거기 함께 존재'하는 행함으로도 임종 환자의 마음을 위로할 수 있습니다. 이것은 나 자신과 임종 환자와의 친밀 감정뿐만 아니라 궁극적으로 인간의 연대성을 가지고 인류와 더 큰 공감을 나누는 매우 의미있고 가치있는 일입니다.

# 빼앗길 수 없는 권리

죽음학에 지대한 공헌을 한 로버트 카스텐바움은 죽음학에 있어 기념비적인 책 〈죽음, 사회 그리고 인간의 경험Death, Society, and Human Experience〉을 집필하였습니다. 그는 이 책을 통해 개인 및 사회 구성원으로서 죽음과의 관계에 대한 이해와 역사, 종교, 철학, 문학 및 예술과 같은 인문학뿐만 아니라 사회 및 행동 과학을 바탕으로 죽음과 죽어가는 과정을 탐색합니다. 그는 이 책에서 인간의 죽음을 '빼앗길 수 없는 권리'라고 하였습니다.

누구나 피하고 싶고 거부하고 싶은 죽음을 '빼앗길

수 없는 권리'라고 설파한 노학자의 논지가 처음에는 당혹스러움으로 다가옵니다. 감당해야 할 의무라고 해도 납득하기 어려운 것을 그것도 그냥 권리가 아니라 대단한 보물인양 빼앗길 수 없는 권리라니요. 그의 책에서 빼앗길 수 없는 권리라는 텍스트를 읽는다면 누구나 의아하고 당혹해 할 것입니다. 그리고 계속 읽다보면 그 텍스트의 무게가 크게 느껴질 것입니다.

　　빼앗길 수 없는 권리 혹은 양도할 수 없는 권리는 판매 또는 다른 사람에게 줄 수 없는 권리를 뜻하며 특히 재산을 소유할 권리와 같은 자연적 권리를 의미합니다. 미국의 독립선언문에서도 양도할 수 없는 권리에 대해서 다음과 같이 언급합니다. "모든 사람은 평등하게 창조되었으며, 창조주에 의해 생명, 자유, 행복 추구와 같은 양도할 수 없는 권리를 부여받았습니다."라고 말입니다. 그렇다면 죽음은 생명과 자유와 행복 추구 같은 것과 인간으로서 누구나 누리고 싶은 권리와 등가의 가치를 부여받는다고 이해할 수 있을 것입니다. 그렇다면 인간은 이러한 가치를 가진 죽음을 너무 무시하고 홀대해 온 것이 아닐까요?

인간에게는 인간으로서 누릴 수 있는 권리와 행해야 할 의무가 있습니다. 누구나 권리는 내가 누리는 권한이니 가벼이 여기기 쉽지만 사실 이 권리라는 말에는 권리 행사를 위해 의무가 따르는 엄중하고도 무거운 의미가 있습니다.

루돌프 폰 예링Rudolf von Jhering은 그의 저서 인류 법학사에 탁월한 저술로 평가받는 〈권리를 위한 투쟁Der Kampf ums Recht〉[8]에서 한때 로마 소도시 시민법에 불과했던 로마법이 로마의 영역이 확대되어 감에 따라 어떻게 세계법으로 발전해나갔는지를 간결하고도 명쾌하게 그려 호평을 받았습니다. 예링은 법 권리 행사와 관련하여서도 수많은 명언을 남겼는데 회자되는 "권리 위에 잠자는 자는 보호받지 못한다."는 말도 여러 명언 중 하나입니다. 권리라 하더라도 가만히 주어지기를 기다리기만 하면 그 권리는 내 것이 될 수 없습니다. 죽음이 빼앗길 수 없는 권리라는 것은 죽음에 대한 패러다임을 바꾸어야 하는 놀라운 일이기도 하지만 그런 인식의 전환이 전부가 아니라 빼앗길 수 없는 죽음의 권리를 누리기 위해서는 생동하는 힘으로서 실천적인 면모를 가져야 한다는 뜻이기도 합니다. 예링에 따르면 '당신은 투쟁하는 가운데 스스로의 권리를 찾아야 한다.'는 원칙과 '이마에 땀을 흘리지 않고서는 빵을 먹을 수 없다.'고 하는 원칙이 동일한 진리로 파악되고 있음을 알 수 있습니다. 그러면 나는 먼저 죽음을 권리로 인식하는 노력을 하고 있는지 스스로 성찰해 보아야 할 것입니다. 만약 그러한 노력과 의식이 없다면 일단 권리 주장에서 낙오된 것입니다. 그러나 만약 죽음을 권리로 인식하고 있다면 실제적이고 구체적인 노력이 있어야 할 것입니다. 그래서 이제는 내 삶에서, 내 이웃에서, 내 터전에서 죽음을 권리로 인정하고 이 죽음이 존엄하게 인식되도록 의무의 이해와 실천이 따라야 할 것입니다. 권리는 단순한 사상이 아니라 살아 있는 힘이며 권리자의 권리 주장은 자신의 인격을 주장하는 일과 같습니다. 권리를 누리는 것은 자신에 대한 의무인 동시에 사회 공동체에 대한 의무라고 예링이 강조합니다.

　빼앗길 수 없는 권리라 하면 죽음은 내 권한이니 내가 마음대로 하겠다가 아니며 어떻게 죽음을 온전히 인식하고 온전히 여기고 온전히 감당해야 하는지에 대한 의무로서의 이해가 있어야 할 것입니다.

죽음을 온전히 인식해야 삶의 소중함을 깨달을 수 있습니다. 죽음을 온전히 여겨야 삶의 초점들이 생생히 살아납니다. 죽음을 온전히 감당해내는 것은 고통을 감내하면서도 삶을 살아낸 후에 오는 것입니다. 무엇보다도 권리인 죽음으로 인한 삶의 유한함을 인정해야 일상의 당연한 것들이 새롭게 다가옵니다. 권리이자 의무인 죽음, 빼앗길 수 없는 권리 그것은 죽음을 바로 바라보고 존엄한 죽음을 개인과 사회에 올바로 행사하는 것입니다. 권리에 걸맞는 힘을 갖추고 의무를 실천하기 위해 알아야 합니다. '죽음의 앎'을 위해 '싸나톨로지로의 여행'을 떠나시길 권유드립니다.

# 죽음아, 우쭐거리지 마라

인간은 어느 누구도 자신의 죽음을 다른 사람들에게 미리 알리지 못합니다. 또한 죽음의 경험을 다른 사람에게 정확하게 묘사하지도 못합니다. 이미 죽음을 맞이했을 때에는 그 경험을 말하거나 표현할 수 없도록 모든 의식과 기관이 멈춰진 상태이기 때문입니다. 죽음에 대해 묘사가 가능한 것은 단지 임종을 지켜본 이들의 간접적인 경험뿐입니다.

이와 같은 배경으로, 죽음이란 어떻고 죽음의 느낌은 이럴 거라는 상상력으로 자신의 세계에 반영하고 계획하고 해석하는 문학에서 죽음이 주요한 주제로 그렇게 무수히 다루어졌는지도 모릅니다. 엘리자베스 브론펜Elizabeth Bronfen과 사라 웹스터 굿윈Sarah Webster Goodwin은 우리가 문화라고 부르는 것의 대부분은 죽음에 대한 집단적 반응을 중심으로 결합된다고 했듯이 문화를 이루는 문학을 포함하여 여러 학문들을 연결하는 중심 연결체로 죽음이 묘사되기도 합니다.

사실 죽음이라는 것은 문학에서조차도 표현의 한계를 그대로 드러낼 수밖에 없을 것입니다. 일부 학자와 철학자들은 인간이 죽음을 부정하려 한다고 주장하지만 문학에서는 꾸준히 죽음과 그 의미를 이해하려는 끊임없는 과정을 반영해 왔습니다. 죽음에 관한 많은 문학 작품들이 보여주듯이 여러 관점과 해석으로 죽음을 어떻게 그리는가 하는 것이 시대에 따라 다르게 나타납니다.

죽음의 역사와 연구에 대한 공헌으로 존경받는 필립 아리에스Philippe Aries는 중세부터 현재까지 죽음의 증거를 연구하여 죽음에 대한 사람들의 태도에 변화가 있다는 것을 발견합니다. 죽음에 대한 중세시대의 지배적인 철학을 '길들여진 죽음'이라고 말하며 중세시대에는 죽음을 삶의 일부로 받아들였고 익숙하고 '길들여진la mort apprivoisee' 상태였다고 합니다. 죽음을 자연스럽고 편안하게 받아들였다는 의미이기도 합니다. 그러나 지금은 죽음이 낯설고 '금지된la mort interdite' 것으로 인식된다고 합니다. 중세 사람들이 죽음을 삶의 일부로 받아들였던 것에 비해 이제는 사람들에게 죽음은 거칠고 통제할 수 없는 두려움의 대상이 되었다는 의미입니다.

그의 언급처럼 죽음은 회피되고 불편하고 두려운 대상입니다. 카스텐바움이 언급한 것처럼 Never say 'die' society로 지금은 죽음을 말하지 않아야 하는 사회인 것입니다.

그런데 죽음을 절망이나 두려움이 아닌 은유적 대상으로 거침없이 감각적으로 묘사한 문학 작품이 있어 소개합니다. 죽음을 위협적인 시선으로 보지 않고 담대하고도 당당한 관점으로 꾸짖는 시입니다. 죽음이 인간의 삶을 끝내는 무한한 힘을 가진 것이 아니라 영혼의 부활로 나아가는 잠시의 순간이라고 묘사한 탁월한 형

이상학 시인 존 던<sup>John Donne</sup>의 시 〈죽음아, 우쭐거리지 마라〉입니다.

## 죽음아, 우쭐거리지 마라

존 던

죽음아, 우쭐거리지 마라.

네가 전능하고 무섭다고  말하는 자들도 있지만,

너는 그렇지 않으니까.

불쌍한 죽음아,

네가 거꾸러뜨린다고 여기는 이들은 죽지 않아,

그리고 너는 나도 죽일 수 없으니까.

단지 너를 묘사한 그림일 뿐인 휴식과 잠에서도

즐거움이 흘러나오지

그래 네게서는 즐거움이 훨씬 더 많이 흘러나오니까,

우리의 가장 빼어난 이들이 가장 먼저 자신들의 뼈의 안식이

자 영혼의 해방인 너와 함께 가는 것이지.

너는 운명과 우연과 왕들과 절망적인 이들에게

노예일 뿐이고,

독약과 전쟁과 질병과 함께 거하고 있을 뿐이지.

더구나 양귀비나 마법은 너의 후려침만큼이나

어쩌면 더 잘 우리를 잠들게 할 수 있단다.

그런데 왜 그리 우쭐대느냐?

한바탕 짧은 잠을 자고 나면 우리는 영원히 깨어나고,

죽음은 더는 존재 못하리라. 죽음아, 네가 죽을 것이다.


김재경 번역



## Death, be not proud

John Donne


Death, be not proud, though some have called thee

Mighty and dreadful, for thou art not so;

For those whom thou think'st thou dost overthrow

Die not, poor Death, nor yet canst thou kill me.

From rest and sleep, which but thy pictures be,

Much pleasure; then from thee much more must flow,

And soonest our best men with thee do go,

Rest of their bones, and soul's delivery.

Thou art slave to fate, chance, kings, and desperate men,

And dost with poison, war, and sickness dwell,

And poppy or charms can make us sleep as well

And better than thy stroke; why swell'st thou then?

One short sleep past, we wake eternally

And death shall be no more; Death, thou shalt die.


〈죽음아, 우쭐거리지 마라<sup>Death, be not proud</sup>〉라고 불리는 〈Holy Sonnet 10〉은 영국 시인이자 기독교 성직자인 존 던이 1609년에 쓴 시입니다. 이 시는 1633년에 처음 출판됩니다. 죽음에 대해서 명쾌한 해석을 내리고 죽음에게 호령하는 시인의 기개가 느껴집니다. 처음은 죽음에 대한 명령의 언어들이 담대하다는 느낌으로 다가가다가 그 다음에는 시인의 죽음을 묘사하는 설득력 있는 언어에 따라가게 됩니다.

이 시는 죽음에 대해 직접적이며 본질적인 것으로 두려워할 것이 아니라고 합니다. 존 던은 이 시에서 죽음의 힘에 대한 강한 부정으로 맞서며 죽음의 무력함을 주장합니다. 죽음은 인간이 두려워해야 하는 전능하고도 막강한 존재가 아니라는 것을 강조합니다. 죽음은 무력하고 실제로 인간의 노예이며 우리 영혼에 비하면 힘이 없습니다. 그것은 단지 지상의 삶과 영원 사이의 '짧은 잠'과 같은 역할을 하기 때문입니다. 이 시는 죽음에 두려움을 가질 필요가 없으며 죽음을 수면이나 휴식과 비슷한 즐거움이라고도 표현합니다. 죽음은 사람들의 지상 생활과 죽음이 더 이상 갈 수 없는 영원과 현재 사이의 한바탕 단잠에 불과합니다.

그런데 특이한 점은 이렇게 죽음에게 일갈하는 시인이 바로 1년 전 1608년 중병에 걸려 고통으로 끝없이 자살을 생각했었고 〈자살론〉을 쓰기도 하였다는 사실입니다. 고통의 시간을 보내던 존 던이 1년 만에 생각을 바꾸어 죽음에게 호통 치는 이 시를 썼다는 사실이 놀라울 뿐입니다. 아마도 죽음을 마주하고 섰던 사람으로서 죽음에게 경고하고 싶었을 것입니다. '죽음아, 네 권력은 단지 환상일 뿐이야. 죽음아, 너는 운명, 우연, 왕, 절망적인 사람들과 같은 세력에게 종노릇 할 뿐이야. 네가 나를 죽이는 것이 아니라 죽음아, 네가 죽을 것이다.' 라고 말하면서 죽음 자체의 종말을 선언합니다.

그는 아마도 죽음과 정면으로 맞서는 치열한 사투 끝에 영원한 내세를 바라보며 죽음에 대한 두려움과 무력감을 떨쳐버리게 되었을 것입니다. 그리고 마침내 죽음을 무서워해야 할 것으로 생각하는 바로 그 생각이 죽을 것이라고 선언하는 '죽음에 대한 승전가'를 부르게 되었을 것입니다.

# 인간의 연대성과
# 권리 박탈된 비탄

죽음학이란 단어의 역사는 짧지만 죽음은 인류의 시작과 함께합니다. 삶이 시작된 곳에 죽음이 공존했으니 굳이 죽음이 새삼스러울 일은 아닐 것입니다. 그런데 인류가 시작된 이래로 수많은 시간이 흘러 왜 1950년대가 되어서야 죽음을 탐구하는 학문인 싸나톨로지가 대두되었을까요? 추측해 보건대 죽음을 다루고 탐구하는 것도 인류의 시작에서부터 함께 존재했을 것입니다. 설령 현재의 틀에 맞는 학문 모습은 아니더라도 인류 문명 초기부터 죽음 앞에서 서성대며 고민하고 두려워했을 것이라 여겨집니다. 1900년대 초에 싸나톨로지란 용어를 최초로 사용한 러시아 과학자 엘리 메치니코프[Elie Metchnikoff]나 제 2차 세계 대전을 겪으며 그 이후 수많은 사상자의 기억으로 얼룩질 때에 이 죽음에 주목한 현대 죽음 운동의 선구자인 허만 페이펠[Herman Feifel]이 근대 죽음에 대해 탐구하기 시작한 사람들입니다. 그들이 그 시대에 죽음을 탐구하는 일을 시작한 것은 그 시대 상황에서 죽음이 금기시 되고 은폐됨으로 죽음이 간과되고 인간의 존엄성이 무너지는 죽음의 현장을 보았기 때문입니다.

지금 우리의 시대도 그들이 경험한 시대 상황, 즉 존엄성 없는 죽음의 시대라는 평가에서 자유롭지 않다고 생각됩니다. 일상공간에서 안전이 담보되지 않아 벌어지는 사고사, 낙태나 유기로 인해 버려지는 어린 생명들, 학업에 치여 가시적 성과에 대한 삶의 무게를 견디지 못하고 포기하는 청소년들, 삶의 가치와 의미를 발견하지 못하고 죽음으로 나아가는 젊은이들, 고시원의 자살자, 노인들의 고독사같이 인간다움을 찾기 어려운 죽음을 맞는 사람들을 수시로 접하고 삽니다. 특히 자고 일어나면 코로나 감염자가 번호로 표기되어 소식이 날아옵니다. 그 번호는 단지 숫자일 뿐이어서 그 숫자가 의미하는 것에서는 인간의 의미를 찾아보기 어렵습니다. 코로나로 사망한 사람도 그저 숫자일 뿐으로 통계의 데이터만이 난무합니다. 사람의 삶과 죽음이 그저 숫자로 제시되고 있는 현 상황은 죽음의 의미를 알아가는 것과는 전혀 거리가 멉니다. 그렇지 않아도 우리 사회가 죽음에 대해 논의하는 데에 부정적이고 죽음의 의미를 인식하는 데에 무심하며 어떤 면에서는 간과하려는 경향마저 있는데 이것이 더욱 심해져 아예 죽음의 성찰이나 죽음의 의미에 대한 논의는 수면 아래로 깊이 숨겨져 버립니다.

더구나 예기치 못한 사망으로 인해 남아 있는 유족의 비탄이나 그들 삶의 파괴에 관한 것들은 관심이나 애도를 받지 못합니다. 어떠한 아픔과 슬픔으로 고통 받고 있는지에 대해서는 소식조차도 전하지 않습니다. 그럼에도 불구하고 주변을 보면 코로나 감염자와 사망자들이 숫자로 압도당하고 있는 것이 현실입니다. 사람들은 이러한 사태로 인해 죽음을 맞은 사람 그리고 그 죽음 주변의 남은 사람들의 고통과 슬픔에 동참하고자 하는 마음을 가집니다. 그저 애도할 권리도 모르고 어떻게 애도할 지도 모르고 무심히 이 현실을 지나고 있을 뿐입니다.

죽음의 의미를 간과하고 인간의 존엄성이 무너지고 있는 이 사회에 죽음이 어떤 의미를 지니는지 묻고 탐색해야 할 시간이라고 생각합니다. 지금은 한쪽으로 치워 놓았던 우리의 삶의 이면인 죽음에 대해 배울 시점인 것입니다. 죽음은 무섭고 피해야 할 주제가 아니라 죽음을 논의하는 것이 삶을 소중하게 하고 의미 있게 한다는 것을 받아들여야 합니다. 더 나아가 죽음을 맞은 사람과 남은 사람을 어떻게 배려하고 위로해야 하는지를 우리가 어떻게 살아야 하고 어떻게 죽음을 맞아야 하는지를 일상적으로 이야기할 수 있어야 합니다. 그것을 통해 자신의 아픔을 나누고 타인의 아픔에 공감하며 우리 주변에 더욱 관심을 갖는 것이 한 시대 한 공간에서 살아가는 너와 나를 찾는 길일 것입니다. 감추거나 은폐해야 할 일이 아니라 죽음과 죽음의 의미에 대해 일상적으로 자유롭게 나누어야 한다는 인식이 우리에게 있을 때 비로소 죽음에 대한 두려움이 줄어들 수 있을 것입니다. 그리고 마침내 존엄한 죽음은 어떤 것인지 논의할 수 있을 것입니다. 이런 논의를 통해 죽음을 대면할 용기가 생기며 내가 그리고 그대가 죽음을 극복하는 정서적으로 건강한 삶의 지평을 확보할 수 있을 것입니다.

교수이자 작가인 케네스 도카Kenneth J. Doka는 1989년에 발간한 그의 저서 〈권리 박탈된 비탄: 숨겨진 슬픔 인식하기Disenfranchised Grief: Recognizing Hidden Sorrow〉에서 박탈된 슬픔의 개념을 소개합니다. 도카는 권리를 박탈당한 슬픔에 대해 "권리 박탈된 비탄은 공개적으로 인정되거나 사회적으로 승인되거나 공개적으로 애도하지 않는 손실을 입었을 때 그 사람이 겪는 경험에 대한 슬픔"이라고 정의했습니다.[9]

권리 박탈된 비탄, 즉 비탄의 권리를 박탈당한다는 것은 특정한 사람의 죽음에 있어 사별한 사람으로서 인지되거나 인정받지 못하므로 그 죽음이 애도 받을 권리를 갖지 못하는 것을 의미합니다. 그래서 권리 박탈된 비탄은 단순히 눈에 보이지 않거나, 잊히거나, 숨겨진 죽음만이 아니라 사회적으로 거부되며, 지지받지 못하는 죽음의 경우에 발생합니다. 지금 우리 주변에 이러한 죽음과 상실들이 만연해 있습니다. 개인은 슬퍼하지만 다른 사람들은 그렇게 할 권리를 인정하지 않는 것입니다. 애도를 받을 권리도 어떻게 애도하는지조차도 모르고 무심하게 이 현실을 지나고 있을 뿐입니다. 그러나 우리는 이웃이 겪는 고통에 관심을 가져야 합니다. 왜냐하면 우리는 인간의 연대성으로 서로 연결된 사람들이기 때문입니다.

나를 포함한 우리들에게 일어나고 있는 죽음의 의미를 탐색하며 인간의 존엄성이 무너지고 있는 이 사회에 죽음이 어떤 의미를 주는지 묻고 찾아야 할 시간이라고 생각합니다. 작은 관심이, 사회적 측면에서의 박탈된 슬픔에 대한 이해의 시작이며 왜 그러한 일이 벌어졌는지 원인을 생각하고 도울 일과 해결을 찾고자 노력하는 시작일 것입니다. 권리 박탈된 죽음에 대해 함께 아파하고 권리 박탈된 비탄도 똑같이 존엄한 인간이 바로 우리 이웃이라는 것을 이해하고 마음과 머리를 맞댈 때 존엄한 죽음이 되는 길을 논의할 수 있을 것입니다. 이러한 논의를 통해 나를 넘어 이웃으로, 이웃을 넘어 사회로, 사회를 넘어 인간 이해와 인류 이해의 삶으로 나아가며 인간의 존엄성을 담보하는 삶의 초석을 놓을 수 있을 것입니다.

# 상실의 계절 회복의 시간

우리의 인생은 나침반처럼 명확한 방향을 보여주거나 예측한 길을 따라 나아가지 않습니다. 사람은 일상적인 도전부터 사랑하는 사람의 죽음, 삶을 바꾸는 사고 또는 심각한 질병과 같은 충격적인 사건에 이르기까지 많은 일들을 경험합니다. 각 변화는 사람들에게 다르게 영향을 미치며 고유한 생각, 강한 감정 및 불확실성을 가져옵니다.

상실에 개개인이 느끼는 감정이 다르겠지만 사랑하는 가족이나 친구 같은 소중한 사람을 잃으면 보편적으로 누구나 감당하기 어려울 정도로 고통과 충격을 받습니다. 이렇게 사별한 후에는 그 슬픔에 대처하는 과정에 흔적이나 자취가 남습니다. 그 흔적이나 자취는 마치 수레바퀴가 지나간 것 같은 자국으로 궤적이라 부릅니다. 사별 후에 보이는 이러한 궤적을 '사별 궤적Bereavement Trajectories'이라 부르는데 사별 궤적을 연구하는 것은 사별의 슬픔에 대한 반응과 회복 과정을 알 수 있어 사별 상실 회복에 도움을 줄 수 있습니다. 사별 궤적에 관한 보난노Bonanno의 연구에 의하면 사별 궤적에는 세 가지가 있습니다.[10]

1. 회복탄력성 궤적Resilience Trajectories
2. 회복 궤적Recovery Trajectories
3. 만성적 비탄 궤적Chronic Grief Trajectories

보난노는 위와 같이 사별 궤적을 체계화하여 회복탄력성resilience이 있는 사람은 만성적 비탄 궤적이 있는 사람과 달리 비교적 빠르게 정상적인 기능으로 돌아간다고 합니다. 회복탄력성은 사람들에게 사별의 깊은 상처에 대처할 수 있는 정서적 힘을 주기 때문입니다. 그는 회복탄력성이야 말로 인간의 비탄과 외상 반응의 핵심이라는 것을 발견하여 배우자의 사망, 아동의 상실 같은 사별과 외상에 직면한 사람들의 회복력에 관해 처음으로 설명하였습니다. 특히 그가 이 분야에 대한 기여가 큰 것은 입증되지 않은 어떤 일화적인 기술 또는 신뢰할 수 없는 방법론이 아닌 엄격한 과학적 연구를 통해 회복탄력성을 발견했다는 것입니다. 린과 샌들러<sup>Lin&Sandler</sup>도 8-16세 179명 청소년을 대상으로 연구한 결과 가족변수(돌보는 이의 따뜻한 사랑 등)와 아동변수(부정적 사건을 덜 위협적으로 느낌)가 회복탄력성의 변수임을 발견하였습니다. 회복탄력성을 변수로 대상 샘플 수의 청소년들을 회복탄력성이 있는 청소년인지 혹은 정신건강에 문제 있는 청소년인지로 72% 정확하게 구분해 어떤 그룹에 속하는지 범주화 할 수 있었기 때문입니다. 아울러 회복탄력성이 있는 청소년들이 상실로부터 회복이 빠르다는 것을 발견하였습니다. [11]

삶에서 중대한 상실을 겪은 사람들은 일반적으로 정서적 고통과 스트레스를 경험합니다. 그러한 상실을 겪는 사람들을 따뜻하게 위로하고 보살핌으로 도움을 주고자 하는 마음으로 다가가 위로하는 것이 중요합니다. 그 따뜻한 보살핌 여부에 따라 회복이 달라지기 때문입니다. 내가 위로하는 사람이 될 수도 있지만 반대로 내가 그러한 고통을 겪는 당사자가 될 수도 있습니다. 돌봄을 베푸는 한편, '나는 어떻게 회복력을 갖을 수 있을까'를 고민해야 할 이유입니다.

사실 회복력으로 가는 길에는 상당한 정서적 고통이 수반될 가능성이 높습니다. 그러나 기억해야 할 것은 탄력성은 일부 사람만 소유할 수 있는 성격적 특성은 아닙니다. 위의 연구에서도 알 수 있듯이 돌보는 사람 혹은 지인의 따뜻한 지원이 도움이 되지만 개개인이 회복력을 어떻게 기를 수 있을지 관심과 노력을 기울인다면 더 개발해낼 수 있는 여지가 충분히 있습니다. 회복 탄력성은 고정된 특성이 아니기 때문이며 특정 생각과 행동을 시도하고 인내하면 회복 탄력성을 높일 수 있습니다. 다음과 같은 특성들은 회복 탄력성 개발에 도움이 됩니다.

첫째로, 가장 비극적인 상황에서도 그 상실이 학습과 개인적 성장의 기회를 제공한다는 믿음입니다. 예를 들면 사랑하는 사람의 죽음은 매우 고통스럽지만 비극적인 상황에서도 배울 수 있으며 개인적 성장의 기회가 있다는 믿음을 견지하는 것입니다. 자신의 삶에서 예기치 않은 상실 경험에 압도당하기보다 각 변화를 도전으로 보는 것입니다.

둘째는, 이러한 고통의 순간에서도 좋은 것을 찾아낼 수 있다는 믿음으로 작게라도 좋은 것, 긍정적인 것을 실천하는 것입니다. 예를 들면 가족이나 지인의 죽음이라는 안타까운 상황에서도 고인의 장기를 기증하여 다른 사람을 살리는 놀라운 소식들을 듣습니다. 비극에서도 비극으로 끝나지 않고 좋은 결과를 만들고자 하는 신념과 실천의 결과입니다.

셋째는, 상실의 감정을 스스로 느낄 수 있도록 슬퍼할 기회를 주는 것이 중요합니다. 자신에게 소중한 사람이나 의미 있는 사람을 잃는 것은 매우 충격이 큰 중요한 사건입니다. 이때 자신이 느끼는 상실을 경시하는 것은 회복력에 도움이 되지 않습니다. 그것을 인정하고 고통을 느끼도록 하고 치유를 향해 나아가십시오. 회복력의 열쇠는 자신이 슬퍼하도록 슬픔에 자신을 온전히 맡기어 상실을 대면하고 치유로 나아가는 것입니다.

우리가 만나는 상실은 거친 강물을 마주 대하는 것처럼 확실히 고통스럽고 괴롭습니다. 고통의 한가운데서 회복의 결과를 맞을지 미리 걱정하지 않기를 바랍니다. 대신 당신이 통제하고, 수정하고, 성장할 수 있는 상실 회복의 길이 있음을 기억하기 바랍니다. 그것이 회복탄력성의 역할입니다. 그러나 탄력성을 높이려면 근육을 만드는 것과 마찬가지로 시간과 의지가 필요합니다. 회복탄력성은 뛰기만 하면 자동적으로 튀어 오르는 트램폴린이 아닙니다. 지도 없이 산을 오르는 것과 비슷하여 막막함을 견디는 시간과 의지가 필요합니다. 도중에 좌절감을 경험하게 될 지도 모릅니다. 이 고통 속에 개인적 성장이 있다는 것을 기억하고 작게라도 좋은 것을 실천하며 가다보면 회복의 정상에서 내가 걸어온 험난한 길을 되돌아볼 수 있게 될 것입니다. 그래서 우리는 상실의 슬픔 속에서도 계속 살고, 미소 짓고, 사랑할 수 있다는 것을 여러분도 알게 될 것입니다.

# 장례식, 사전 애도식, 녹색 장례

장례식 같은 의식 절차가 없다면 우리는 돌아가신 분을 추모 하거나 애도할 수 없을 것입니다. 그리고 그런 의식의 부재로 고인을 기릴 수 없어 돌아가신 분에 대한 미안한 마음과 죄책감을 가질 수도 있을 것입니다. 장례 의식은 생각보다 훨씬 큰 의미를 지니며 아픔을 견딜 수 있는 힘을 줍니다. 의식<sup>ritual</sup>은 외상적 죽음과 같은 상황에서의 고통을 경감해주고 비탄의 감정을 견뎌낼 수 있도록 도움을 주기도 합니다. 그리고 죽음을 공식적으로 인정하고 받아들이도록 도와줍니다. 장례식과 같은 추모 의식은 문화마다 매우 다르지만 고인을 오래 기억하고 싶은 마음과 고인을 다시 못 보는 안타까움은 동일할 것입니다. 실제 장례식에는 참석한다 해도 고인을 볼 수 없으니 슬픔이 더할 것입니다.

그래서 임종 전에 만나 마음을 전하고 마지막 말씀이나 유언을 들으며 애도하는 시간을 미리 갖는 의식을 생각해 봅니다. 저자는 그것을 '사전 애도식pre-mourning'으로 명명하면 그 뜻이 담긴다 생각합니다. '사전 애도식'이란 임종 환자와 사랑하는 사람들이 미리 만나 마음을 나누고, 대화와 추억을 나누며 애도할 수 있도록 임종 전 자리를 마련하는 모임입니다. 장례식에서는 고인과 사랑하는 사람들이 서로를 볼 수 없으니 '사전 애도식'을 통해 사랑하는 주변 사람과의 작별 인사를 하는 시간을 갖는 것입니다. 그러면 다시 볼 수 있을 줄 알았던 사람이 고인이 되어 다시는 못 보는 장례식에서 느끼는 비통함을 덜 수 있을 것입니다.

장례 문화에 있어 선진화된 일본에서는 사전 애도식과는 조금 다르지만 사전 장례식을 치르는 것을 종종 볼 수 있습니다. 슈카츠(종활, 終活)라 하여 적극적으로 죽음을 준비하는 활동의 일환입니다. 죽음을 맞이하기 전 살아 있을 때 장례식을 거행하는 것입니다. 모리 슈워츠Morrie Schwartz도 그의 제자 미치 앨봄Mitch Albom의 1997년 베스트셀러 회고록인 〈모리와 함께한 화요일Tuesday with Morrie〉로 사후 국가적 명성을 얻었습니다. 그의 제자가 TV 프로그램에서 슈워츠를 보고 전화를 건 후 슈워츠의 생애 마지막 몇 주 동안 루게릭병Lou Gehrig's disease이라 불리는 질병에 의해 고통 받는 스승 모리를 방문한 14번의 기록에서 슈워츠의 강의 및 그의 인생 경험을 남긴 것입니다. 이것도 장례식 전에 고인을 기리고 함께했으니 일종의 사전 장례식이라 할 수 있습니다.

장례식이라는 단어는 사체와 장례식 자체를 포함하는 의미의 라틴어 'funus'에서 유래했습니다. 장례식은 외연적으로는 장례를 거행하는 의식을 뜻하며 매장이나 화장과 같은 시신의 최종 처리와 관련된 의식이기도 합니다. 지금은 일반적으로 병원에서 조문객을 맞이하고 발인하는 방식으로 이루어지는데 원래 장례 관습의 의미는 죽은 자를 기억하고 존중하기 위한 복잡한 문화적인 신념과 관습이었으며 다양한 추모 방식이 있었습니다. 종교에 따라 문화에 따라 또는 유족의 뜻에 따라 죽은 자의 명예를 위해 수행되는 의식에 이르기까지 장례 의식은 다양합니다. 장례식의 일반적인 동기는 고인을 애도하고, 고인의 삶을 추모하고, 유족에게 지원과 위로를 전하는 것입니다.[12]

그렇다면 장례식이 내포된 의미는 무엇일까요? 단지 애도를 표하고 고인을 위한 자리이기만 할까요? 인류학자들은 장례식을 고인을 포함하여 관련된 모든 사람에게 영향을 미치는 통과 의례로 간주합니다. 장례식을 통해 고인의 사회적 지위는 그간 공동체에서 생존하며 기여한 것에서 과거형으로 극적으로 변하며 결국 기억 속에 존재하는 사람으로 남습니다. 이에 따라 유족들, 특히 직계 가족의 위치도 살아 있던 분의 가족에서 이제는 고인의 유족으로 변합니다. 그래서 사실, 장례식은 고인을 애도함과 아울러 유족을 위한 위로 기간이기도 하며 장례식을 통해 이러한 변화를 알리고 받아들이는 독특한 인정 방식이기도 합니다.

그래서 장례식의 초점은 단지 애도에만 있는 것이 아니라 언제 어디서나 변화를 인정하는 것입니다. 가족이나 공동체로 함께 삶을 영위하던 사람의 죽음이라는 중대한 변화를 받아들인다는 것은 매우 어려운 일입니다. 이러한 관점을 인정하고 받아들이는 과정인 장례 의식을 통해 유족의 애도와 그 아픔을 인정하는 사회와의 연결을 만들기가 더 쉬워집니다. 과거의 죽음은 가정에서 이루어지는 일로 장례 절차와 매장까지의 과정이 가족의 영역에 속해 있었고 가정에서 이루어졌던 데서 이제는 가정을 떠나 공적인 장소에서 이루어집니다. 죽음은 삶에서 필연적으로 발생하는 것이므로 회피하거나 두려워하기보다는 담담하게 수용하는 것이 필요합니다.

장례 종류에 따라 다양한 장례식이 있지만 과거에는 집에서 여러 세대가 함께하는 대가족 속에서 치르던 장례식이었다면 이제는 병원 장례식장으로 고인을 모셔서 3일장을 치릅니다. 첫날에는 고인의 시신을 장례식장으로 옮깁니다. 고인의 몸을 위한 옷을 준비하고 입관하기 전 조문객의 문상이 시작됩니다. 둘째 날에는 입관 장소에 유가족이 고인을 볼 수 있도록 입실을 허용하여 사체를 관에 넣는 입관식을 거행합니다. 셋째 날에는 시신을 땅에 묻거나 화장 후 수목장이나 납골당이나 다양한 방식으로 유족이 결정하고 절차를 진행합니다. 한국에서는 장례식에 사람들이 애도의 뜻으로 조의금을 가져갑니다. 이것은 다른 나라와 달리 한국의 독특한 추모 방식이기도 합니다.

다른 나라들은 어떤 장례 의식을 치러 왔으며 치르고 있을까요? 어떻게 애도하고 유족을 위로할까요? 미국의 경우 우리의 과거 대가족 체제에서의 장례식과 유사한 점이 있습니다. 1800년대 후반에서 1900년대 초반까지는 우리와 마찬가지로 여러 세대가 함께하는 가족에 둘러싸여 집에서 죽음을 맞이하고 가정에서 진행되는 가족의 일이었습니다. 그러나 현대에 와서는 미국과 캐나다의 대부분 장례식도 가정이 아닌 장례식장, 교회, 화장터 또는 묘지 채플 등에서 열리며 고인이나 유족의 교회 또는 종교의 성직자가 예식을 진행합니다. 고인 방문, 장례 의식 및 매장 절차의 세 부분으로 나누어지며 방문 시에는 기독교 또는 일반적인 서양 관습에 따라 고인의 시신이 관에 전시되어 있어 직접 고인의 모습을 보며 애도를 표합니다. 미국 원주민들은 죽음을 공통적인 운명으로 받아들여 고인과 지속적으로 어떤 연관을 맺는다고 생각하고 고인을 위한 의식을 치르며 존엄한 방식으로 고인을 예우합니다. 북미 인디언인 애써배스칸 족은 전체 부족이 참여해 비탄의 상황이 좀 더 즐거운 의식이 되도록 합니다. 아프리카 가나와 같은 나라에서는 관을 들고 춤을 추며 고인을 추모합니다. 우리의 정서로는 이해할 수 없지만 문화적 다양성을 인정한다면 그들의 추모 방식으로 존중받아야 할 것입니다.

우리 문화에서는 장례식이라 하면 똑같이 무겁고 어둡고 침울한 가운데 거행됩니다. 물론 상황에 따라 비탄과 절망과 후회가 엄습한 장례식이 있습니다. 그러나 노년까지 지내고 자연스럽게 생을 마친 분이라면 우울하게 가라앉은 분위기보다 조금은 밝은 방식으로 접근할 수 있을 것이라 생각됩니다. 그건 세계 여러 나라의 다른 장례 문화에서도 볼 수 있습니다. 다양한 문화

가운데 보다 개방적이고 즐거운 장례 문화가 많이 존재합니다.

또한 실제 장례 후 시신을 처리함에도 환경을 고려하는 방식도 있습니다. '녹색 장례Green Funeral'가 그것입니다. 녹색 장례는 종종 자연 친화적인 매장을 의미하지만 필자는 장례식과 장례 절차 전반에 걸쳐 환경을 고려하는 선택과 방안의 장례식을 명명하는 용어로 제안합니다. 보통 전형적으로 값비싼 관이나 하루, 이틀 후 버려지는 수많은 화환, 많은 꽃, 시신 안치 처리, 기타 여러 부가적인 것 등이 있는데 이러한 것들을 환경을 고려해 결정하자는 것입니다. 녹색 장례 혹은 녹색 매장의 세부사항은 매우 다양하지만 장례 의식에 드는 자원을 줄이고 기존의 여러 단계를 건너 뛰어 환경을 고려하는 것입니다. 그러면 장례비용을 경제적이고 합리적으로 운영할 수 있기도 할 것입니다.

앞으로 이 세상의 인구만큼 또 태어 날 인구만큼 죽음을 맞을 것을 생각한다면, 그래서 지구 곳곳이 매장지로 변하지 않게 하려면 필수적으로 환경 고려가 필요하다고 생각합니다. 장례 문화와 환경이 참작된 장례 절차에 머리를 맞댄다면 보다 성숙하고 전향적인 방향을 찾을 수 있을 것입니다. 이처럼 고인을 떠나보내는 아쉬움과 슬픈 가운데에도 장례 의식의 진정한 의미를 찾고 남겨진 모두를 배려하는 장례절차에 대하여 다양하고 지혜로운 모색이 이루어져서 녹색 장례를 통해 우리가 사는 지구를 '녹색 지구Green Earth'로 가꾸어 가길 기대합니다.

# 너와 나와 우리의 일,
# 자살 예방

　교육을 위해 온 동네가 나서야 한다는 아프리카 속담 'It takes village.'를 제목으로 힐러리 클린턴<sup>Hillary Clinton</sup>이 교육의 진보를 위해 책을 썼고, 2016년 미국 대선에서 미셸 오바마<sup>Michelle Obama</sup>가 지지연설에 인용해 이 속담은 유명합니다. 온 동네가 나서야 한다는 교육의 협업, 교육의 연대성을 강조한 이 속담이 신선하다 느낀 이유는 한 사람이나 한 가정이나 혹은 한 기관이 아닌 모두 다 함께해야 한다는 협동 의식 즉 인간의 연대감을 강조했기 때문입니다. 청소년 자살이 큰 사회적 아폼인 이 시대에도 어느 개인, 어느 한 가정, 어느 한 기관이 아니라 공동체의 협동과 관심을 촉구하는 이 속담은 유효한 것 같습니다. 그런데 진정 이것이 교육에서만 유효할까요?

교육 못지않게 자주 보도되는 기사가 있습니다. 미디어를 통해 듣는 청소년이나 이름을 알 수 없는 우리의 이웃, 그리고 사회적으로 이름이 알려진 유명인들의 자살 소식입니다. 그 소식을 접할 때에 슬픈 감정을 느끼며 왜 그렇게 떠나야 했는지 안타까움과 혹시 그들의 아픔을 미처 헤아려 잡아줄 수 있는 방안은 없었을까를 생각하며 미안함과 당혹감을 느끼기도 합니다. 자연스럽고 평안한 죽음이 아닌 자살suicide은 라틴어 'suicid-ium'에서 온 것으로 의도적으로 자신의 목숨을 앗아가는 행위를 말합니다. [13]

자살을 시도하는 것은 자신의 생명을 끝내고자 하는 욕구를 가진 자해입니다. OECD 기준으로 자살률에 있어 상위에 있는 우리나라는 9~24세 청소년 사망 원인 1위가 자살입니다. 자살은 우울증이나 성격장애, 불안장애등 신체적 정신적 문제로 혹은 재정이나 학업 등의 스트레스, 또는 사람 간의 관계에 관한 문제로 가까운 사람의 이별이나 사망, 부모의 기대에 미치지 못하는 죄책감이나 학업 성취에 대한 압박감 또는 집단 괴롭힘 등으로 인해 실제 자신을 상해하는 행동으로 옮기는 것입니다.[14]

특히 중·고등학생과 대학생이 포함된 청소년 자살은 현재 학교 공동체를 뒤흔드는 전염병이며 이전에 본 적이 없는 위기입니다. 이러한 청소년 자살은 부모를 포함하여 모두의 주요 관심사가 되어야 합니다. 청소년과 그들의 정신 건강, 청소년의 자살 유도 원인, 소셜 미디어 우울증, 집단 따돌림, 미래에 대한 불안 등에 대해 더 알고자 찾고 보고 나누어야 합니다. 어디 청소년뿐일까요? 중년층, 노년층의 자살 보도 또는 한 가족의 집단 자살과 같은 소식은 믿기조차 어려운 심각한 재난입니다.

특히 '자살 전염병suicide epidemic'은 전염병 수준으로 번져가는 자살로 또 다른 사람에게 영향을 미칩니다. 공개적으로 알려진 자살을 다른 사람이 모방함으로 발생하는 자살 전염병은 사회가 함께 대처해야 할 무서운 질병입니다. 세계보건기구WHO는 매년 약 100만 명이 자살로 사망한다고 추정합니다. 왜 그렇게 많은 사람들이 자신의 목숨을 스스로 앗을까요? 자살 우울증과 절망에 얽매여 보지 않은 사람들에게는 왜 그렇게 많은 사람들이 자살을 하는지 이해하기 어렵습니다. 자살하는 사람은 너무 고통스러워서 다른 길을 볼 수 없습니다. 자살은 견딜 수 없는 고통에서 벗어나려는 필사적인 시도이고 죽고 싶어서 택한다기보다 너무 고통스러워 택하는 것입니다.

한국 통계청 자료에서 보듯이 대한민국 국민의 사망 원인에서 일반적인 질병이나 사고가 아닌 자살이 10대 사망 원인에 들어 높은 수위에 있습니다. 남성들에게서는 교통사고나 간, 당뇨, 만성 하기도 질환 등 치명적인 질병들을 제치고 5위로, 여성에게서는 6위를 차지하고 있습니다.

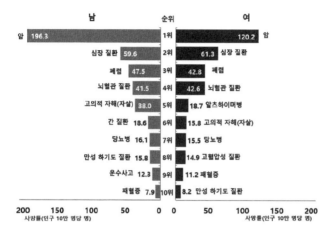

| 남 | 순위 | 여 |
|---|---|---|
| 암 196.3 | 1위 | 120.2 암 |
| 심장 질환 59.6 | 2위 | 61.3 심장 질환 |
| 폐렴 47.5 | 3위 | 42.8 폐렴 |
| 뇌혈관 질환 41.5 | 4위 | 42.6 뇌혈관 질환 |
| 고의적 자해(자살) 38.0 | 5위 | 18.7 알츠하이머병 |
| 간 질환 18.6 | 6위 | 15.8 고의적 자해(자살) |
| 당뇨병 16.1 | 7위 | 15.5 당뇨병 |
| 만성 하기도 질환 15.8 | 8위 | 14.9 고혈압성 질환 |
| 운수사고 12.3 | 9위 | 11.2 폐혈증 |
| 패혈증 7.9 | 10위 | 8.2 만성 하기도 질환 |

200 150 100 50 0 0 50 100 150 200
사망률(인구 10만 명당 명)　　　　　　사망률(인구 10만 명당 명)

성별 사망원인 순위, 2019(출처:통계청 자료)

이러한 자살을 미연에 방지하고자 하는 '자살 예방suicide prevention'은 자살률을 줄이기 위한 '집단적 노력 collective efforts'에 사용되는 용어입니다. 즉 예방 조치를 통해 자살률을 줄이기 위한 노력은 어떤 한 개인이나 한 단체에 의해 이루어지기보다는 모두가 함께 집단적인 노력을 할 때 예방하는 효과를 높일 수 있을 것입니다. 용어만으로도 자살 방지를 위해서는 집단으로 함께 노력하는 것이 얼마나 중요한지 알 수 있습니다.

그런데 문제는 자살을 생각하는 사람들의 약 60%

는 아예 도움을 구하지 않는다는 것입니다. 도움을 구하지 않는 이유는 필요성을 느끼지 못하고 또한 혼자서 문제를 해결하고자 한다는 것입니다. 그런 이유로 자살률이 높음에도 불구하고 자살 행동을 막을 수 있는 확실한 치료 방법은 별로 없어 보입니다. [15]

무엇보다도 자살에 있어서 일반적으로 우리가 알고 있는 통념과 사실은 다를 수 있다는 것을 염두에 두고 관심을 가져야 합니다.

**통념:** 자살에 대해 이야기하는 사람은 말뿐이지 실제로 그렇게 하지 않을 것입니다.

**사실:** 자살을 시도하는 거의 모든 사람들이 단서나 경고를 한다고 합니다. 죽음이나 자살에 대한 간접적인 언급조차 간과하지 마세요. 아무렇게나 농담으로 말해도 '미안해', '출구가 보이지 않는다.'와 같은 말은 심각한 자살 충동에 대한 신호라고 합니다.

**통념:** 자살을 시도하는 사람은 누구나 미친 상태 같을 것입니다.

**사실:** 대부분 자살하는 사람은 정신병적이거나 제정신이 아닙니다. 물론 그들은 화를 내거나 슬픔에 잠기거나 우울하거나 절망하지만 그들이 겪는 극심한 고통과 정서적 고통이 반

드시 정신 질환의 징후를 보이는 것은 아닙니다.

**통념:** 누군가가 자살하기로 결심한다면 그들을 막을 수 있는 것은 없습니다.

**사실:** 매우 심하게 우울한 사람조차도 죽음에 대해 혼재된 감정을 가지고 있으며, 살고 싶어 하는 것과 죽고 싶은 것 사이에서 변화의 조짐이 있습니다. 죽음을 바라기보다는 고통이 멈추기를 바라며, 삶을 끝내려는 충동은 영원한 것이 아니기 때문에 막을 수 있습니다.

**통념:** 자살로 죽는 사람은 도움을 구하지 않는 사람입니다.

**사실:** 사람들이 자살을 시도하기 전에 도움을 받으려고 합니다. 실제로 연구에 따르면 자살 피해자의 50% 이상이 사망 전 6개월 동안 의료 도움을 요청했습니다.

**통념:** 자살에 대해 이야기하면 누군가에게 아이디어를 줄 수 있습니다.

**사실:** 당신은 자살에 대한 이야기를 꺼냄으로써 다른 사람에게 자살할 생각을 주는 것이 아닙니다. 오히려 그 반대입니다. 자살 충동에 대해 솔직하게 이야기하도록 따뜻한 말과 이해하는 태도로 다가가 마음 속의 아픔에 귀 기울여 주면 생명을 구할 수 있습니다.[16]

일반적인 통념보다 실제 상황을 이해하고 주변에 관

심과 노력을 기울이는 것이 중요합니다. 더욱이 대화 가운데 자살의 단서가 되는 내용이 있다면 면밀히 살펴야 할 것입니다. 자신의 고통을 벗어나고자 자살하려는 충동을 느껴도 그 순간을 넘길 수 있도록 조금이라도 붙잡아준다면 달라질 수 있습니다. 자살하는 사람들의 대부분은 자신의 삶을 끝내는 것에 대해 깊은 갈등을 겪으며 도움을 기대합니다. 그들이 마음을 열도록 하여 솔직하게 어려움을 들어주고 대안을 준다면 자살을 생각했던 사람이 다른 선택을 할 수 있습니다.

무엇보다도 자살 같은 폭력적인 죽음이 자신과 이웃에게 어떤 영향을 끼치는지 평소의 대화에서 자연스럽게 나누어진다면 자살 예방에 도움이 될 것입니다. 스콜라 철학을 대표하는 토마스 아퀴나스Thomas Aquinas는 '자살은 자신뿐만 아니라 자신이 살아가는 지역 사회 및 신에 대한 의무에 위배된다.'며 자살에 반대합니다. 자신의 생명을 빼앗는 자살은 심리적, 사회학적, 환경적, 생물학적 위험 요인의 복잡한 상호 작용의 결과입니다. 삶을 끝내는 것이 자신의 끝없는 고통을 멈추는 유일한 방법이라고 생각하는 사람들의 필사적인 행동입니다.

그러나 자살은 자신뿐만 아니라 남겨진 가족 친지와 주위의 사람들, 자신이 속해 있던 지역사회에 씻을 수 없는 상처를 남깁니다. 자살 이후에 남겨진 가족과 주변 사람들에게 비탄은 이루 헤아릴 수조차 없습니다. 남은 삶의 매일 매일이 어찌 해볼 수 없는 고통의 심연일 것입니다.

　　그래서 힘든 고통 속에서 삶을 붙들도록 평소에 생명의 존귀함과 죽음의 의미에 대해 나누길 권유합니다. 생명을 존귀하게 여기므로 자신의 생명을 빼앗을 수 없다는 인식을 평소에 가질 수 있도록 말입니다. 스스로 자살의 형태로 삶을 마감하지 않아야 함은 개인은 고귀한 생명을 부여받은 소중한 존재이며 자기 자신에 대한 존중이 아니라는 것, 그리고 그것을 깊이 인식해야 합니다. 내 생명을 내 마음대로 끝내는 것은 부여받은 소중한 삶을 파괴하고 관련된 사람을 파괴하고 내가 속한 사회에 깊은 상처를 준다고 인식하도록 해야 합니다.

　　삶의 현장에서 실질적인 이해를 쌓을 수 있는 것은 실제로 경험하는 연로하신 분의 임종이나, 세계 곳곳에서 벌어지는 전쟁이나 사고로 인한 죽음 보도가 나올 때입니다. 그 시간은 공식적인 교육은 아니더라도 죽음이나 자살에 대해 깊이 있게 인식하고 공감할 수 있을 때입니다. 배울 만한 시간을 잡으십시오. 때를 얻어 이야기하십시오. 자연스럽게 죽음과 그 의미에 대해 나누십시오.

국가와 사회와 가정에 있어서는 안되는 재난인 자살을 예방하고자 매년 9월 10일은 '세계자살예방의 날'로 정해져 있습니다. 이 날은 국제자살예방협회와 세계보건기구의 지원으로 자살 예방을 위해 지켜집니다. 1년에 한 번 자살 예방의 날을 지키고 생각하는것도 중요합니다. 그러나 사회의 상실에 함께 아파하며 인간의 연대감으로 이웃을 바라보고 이웃에 관심 갖는 공동체적 노력이 평소에 이루어질 때 그래서 작은 힘들이 모여 거친 타격의 물줄기를 가로막을 때 우리의 이웃을 지키고 보호하는데 일조할 수 있을 것입니다.

# 더 은밀하게 다가오는 간접 자살

자살은 빠른 속도로 죽음을 초래하는 의도적인 행위입니다. 모든 연령대에서 발생하는 가장 광범위하고 명백한 유형의 죽음이기도 합니다. 사람들은 타인의 자살에 대해 이유와 사정은 모르지만 의도적으로 삶을 마감한 것에 대해 안타까움을 금치 못합니다. 자신이나 주변에서 그러한 일이 일어나지 않기를 바라는 마음이기도 합니다. 그러나 삶을 마감하는 자살을 생각하거나 계획하려는 의도는 누구에게나 잠재한 심리라고 볼 수도 있습니다. 직접적인 자살 의도는 아니라 하더라도 실제적인 나의 삶에서 자살 의도가 담긴 행동을 하고 있을 수 있기 때문입니다. 그것은 즉각적인 것은 아니지만 점진적이며 광범위하게 이루어지는 자살 행위에 해당하는 것으로 '간접적인 자살indirect suicide'이라고 말합니다.

간접 자실에 대해 죽음학의 대가인 로버트 카스텐바움Robert Kastenbaum과 브라이언 미샤라Brian Mishara는 조기 사망의 개념과 자해 행동과의 관계에 대해 연구한 결과를 언급합니다. [18]

인간의 삶을 단축시키는 행동은 여러 형태가 있으며 널리 퍼져 있다는 것입니다. 그들은 연구를 통해 어떤 의미에서 모든 인간 행동이 사람의 기대 수명에 영향을 미친다는 것을 인식합니다. 잠시 하던 일을 멈추고 나의 삶을 살펴보십시오. 잠재적으로 나의 생명을 단축시키는 행동이 있는지 살펴야 합니다. 몇 가지 분명한 예를 들자면 흡연, 과도한 음주, 운전 중 신호 위반이나 속도위반, 의사의 처방 무시, 인스턴트 식품 위주의 식사, 걷기나 운동을 하지 않는 비활동적 생활 등이 그럴 것입니다. 반면에 규칙적으로 운동하고, 건강한 식단으로 잘 먹고, 길을 건널 때 주의를 기울이고, 항상 안전벨트를 착용하며, 신호와 속도를 잘 지켜 운전하는 것 등은 간접 자살의 가능성을 낮출 것입니다. 따라서 간접적인 자살 행위는 확실보다는 확률의 문제일 것입니다. 매일 먹어야 하는 심장 약을 복용하지 않거나 부주의하게 길을 건너는 것은 분명히 조기 사망의 가능성을 높입니다.

자살에서 즉각적이고 명확하게 식별 가능한 의도가 없는 경우에 종종 간접적인 것으로 간주됩니다. 자살연구에 있어 선구적 학자인 에드윈 슈나이드먼<sup>Edwin Shneidman</sup>은 '준의도적 죽음<sup>subintentioned death</sup>'과 '간접적인 자살<sup>indirect suicide</sup>'에 대해 이야기합니다. [19]

그는 우리 모두가 해당될 수 있는 잠재된 준의도적인 간접 자살에 관하여 '죽음 기회주의자<sup>death-chancer</sup>', '죽음 재촉자<sup>death-hasteners</sup>', '죽음 항복자<sup>death-capitulators</sup>', '죽음 실험자<sup>death-experimenter</sup>'와 같이 네 그룹으로 범주화합니다.

첫째, 죽음을 우연에 맡김으로써 죽음과 도박을 하

는 '죽음 기회주의자'입니다. 예를 들어 자신이 자살을
시도한다 해도 누군가 개입해서 구조를 하겠지 하는 것
입니다.

두 번째, '죽음 재촉자'는 무의식적으로 생리적 불균
형을 악화시켜 죽음을 앞당기는 개인입니다. 이 범주의
사람들은 신체를 함부로 하거나, 알코올이나 약물을 사
용하거나, 위험 요소에 자신을 노출하거나, 적절한 식사
를 하지 않는 등 위험한 생활 방식을 취합니다. 청소년의
무분별한 흡연이 여기 해당될 것입니다. 제 때 식사하지
않고 자주 거르거나 식사를 주로 불량식품들로 섭취하
는 것도 이 범주에 듭니다.

세 번째, '죽음의 항복자'는 강력한 두려운 감정에
의해서 자신의 죽음을 앞당기는 심리적 역할입니다. 이
범주의 사람들은 누가 뭐라 하지도 않는데 지레 죽음에
굴복하거나 죽을 만큼 두려워 떠는 것입니다. 슈나이드
먼에 의하면 이 범주에서는 정신적 사망과 심리적인 질
병 및 합병증의 위험으로 야기된 사망 등이 조기 사망

가능성을 높을 수 있다고 합니다. 심리적으로 과도하게 죽음을 두려워 하는 것이 포함 될 것입니다.

네 번째는 '죽음 실험자'입니다. 이 범주의 사람들은 의식적으로 자신의 삶을 끝내고 싶지는 않지만 시간을 끌면서 과연 어떻게 되는지 보며 자신이 달라지거나 혹은 정신상태가 바르게 되기를 원하지 않는 것처럼 보입니다. 여기에는 알코올에 과도하게 빠져있거나 신경안정제를 상시 복용하는 사람들이 포함됩니다.

혹시 내가 이 네 범주의 간접 자살 중에서 어디에라도 해당이 된다면 빨간불입니다.

우리는 자살에서는 직접 자살만을 생각하거나 직접 자살이 자살의 거의 모든 비중을 차지한다고 생각하기 쉽습니다. 그리고 자살은 나와 거리가 먼 이야기라고 생각합니다. 그러나 잠시 멈춰 자신의 삶을 돌아보십시오. 혹시 내가 어디 일부라도 속하지 않는지요? 나도 모르는 사이에 은밀하고도 서서히 다가와 수명을 재촉하는 간접 자살의 징후가 나에게는 없다고 장담할 수 있을까요? 사실 인간의 신체에는 수명의 시간표가 있다고 합니다. 인간의 염색체에 있는 텔로미어는 인간의 수명을 예시할 수 있게 해 주어 간접 자살의 가능성을 줄일 수 있는 생활패턴이 어떠해야 하는지 시사해 줍니다.

과학자 보드나Bodnar는 수명과 관련된 텔로미어라는 염색체 말단에 붙어있는 텔로미어를 연구했습니다. 그는 1998년 그의 연구를 통해 세포의 생명을 결정짓는 텔로미어와 텔로머라아제 효소가 세포 수명을 연장 시킬 수 있다는 연구 결과를 공개적으로 발표합니다. 인간의 염색체 끝부분에 있는 텔로미어는 세포분열시마다 길이가 짧아지고 불안정한 상태가 됩니다. 그러면서 세포사멸이 일어나므로 텔로미어의 길이는 수명과 관련이 있다는 것입니다. 텔로미어가 길면 그만큼 수명이 연장된다는 것이지요.[20]

이 내용과 관련된 연구가 캘리포니아 대학에서 추진되었습니다. 이 연구에서는 초기 전립선 암 진단을 받은 35명을 대상으로 합니다. 그 중 10명에게는 생활 방식을 채식(과일, 채소, 특별한 화학 처리가 안 된 곡물, 저지방, 정제된 당질), 적당한 운동(1주일에 6일 30분씩 걷기), 스트레스 감소시키기(요가, 스트레칭, 호흡, 명상)

등으로 바꾸게 합니다. 생활방식을 바꾼 10명과 그 외 25명 참가자들을 비교했을 때, 생활 습관을 바꾼 그룹에서 대략 10%의 더 긴 텔로미어가 관찰되었다고 합니다. 더 긴 텔로미어가 관찰되었으니 그 만큼 수명이 연장된 것입니다. 어떤 생활방식을 갖느냐가 수명 연장과 관련이 있는 것이지요. 또한 앉아서 하는 행동을 피하고 일어서는 것은 당신의 텔로미어를 연장시킬 것이란 가설로 수행된 연구에서도 상당히 연관이 있다는 결론을 얻기도 하였습니다. 앉아있기보다 일어나 움직이고 운동하는 것이 생명 연장과 관련이 있다는 시사점을 주는 것이지요.[21]

결론적으로 자신이 어떻게 하느냐에 따라 삶을 줄이거나 연장시킬 수 있다는 결과를 제시합니다. 결국 조기 사망을 유발하는 간접 자살 행동은 두 본능의 싸움일 것입니다. 내 안에서 힘들어도 인내하며 나의 생명을 보존하는 생활패턴을 유지하는 내재적 동기와 그와 함께 인간의 본질적인 자기 파괴 성향의 본능이 통제되지 않으며 부딪치고 갈등하는 결과 일 것입니다. 오늘만 담

배를 피우고, 운동은 내일부터 하고, 시간이 없으니 인스턴트식품을 먹고, 괴로우니 술 마시고, 빨리 가야하니 신호 위반하고!

그러나 앞의 연구들처럼 간접적인 자살 행동은 노력을 기울여 자신의 삶과 주변 환경을 개선하고 실행한다면 감소 할 것입니다. 무심히 지나치는 나의 생활 패턴이 나도 모르게 간접 자살로 이끈다는 것을 상기해야 합니다. 간접적인 자살 행위들을 문제의 시그널이라는 것을 인식한다면 치료가능하다는 것을 인식해야 합니다. 그러한 각성은 삶을 향상시키고 생명을 구할 수도 있기 때문입니다. 사람들은 타인의 자살에 씻을 수 없는 상처를 받지만 정작 자신도 간접적 자살을 시행해 다른 이들에게 씻을 수 없는 상처를 주고 있다는 것을 놓치기 쉽습니다. 자신과 타인을 살펴서 간접자살의 길을 벗어나는 것! 그것은 바로 지금 당신의 의지적 결단에 달려 있습니다.

# 죽음을 묻는 어린이에게

지인의 죽음은 어른에게도 큰 사건이지만 어린이에게는 더 큰 사건 일 수 있습니다. 흔히 어린이가 죽음에 대한 걸 정확히 알게 되면 불필요한 두려움만 생긴다고 우려하여 먼 나라로 여행을 갔다든지 깊은 잠에 빠졌다라고 둘러대기도 합니다. 하지만 많은 학자들은 어린이에게 부정확하고 막연한 설명은 오히려 어린이에게 혼란을 줄 수 있는 적절치 못한 일이라고 지적합니다. 그렇다면 죽음을 대면한 어린이에게 어떻게 하는 것이 바람직할까요? 죽음을 제대로 알려 줘야 할 것인지 다른 말로 에둘러 말해야 할 것인지요?

어린 시절 동네 친구의 죽음을 경험한 A씨의 이야기입니다.

내가 죽음을 처음 목격한 경험은 6살 때였던 걸로 기억한다. 매일 같이 장난치고 놀던 이웃집에 살던 친구가 더운 여름 날 저수지에 가서 놀다가 저녁이 다 되었는데도 그만 안 돌아왔다. 뒤 늦게 아이를 찾아 나선 어머니가 그 아이를 찾았을 때는 그 아이는 이 세상 사람이 아니었다. 동네가 어수선하고 어두운 기운으로 가득했을 때 나도 어른들 틈에 끼어 어른들과 같이 그 집 앞을 서성이고 있었고 부모의 울음 속에 그 아이가 실려 온 들 것 자리를 볼 수 있었다. 그 들 것 자리에 누인 친구의 몸이 무엇인가로 덮여있었고 내가 볼 수 있던 건 친구의 얼굴이 아니라 한 쪽으로 삐죽이 나와 축 늘어진 친구의 다리였다. 매일 놀던 친구니 그 친구의 다리도 매일 보았을 터인데 그 때 본 그 친구의 다리는 얼마나 낯설고 이상했는지 죽음을 모르는 나이였음에도 섬뜩한 기운이 느껴졌었다. 그리고는 이 나이까지 들 것 사이로 보여 지던 그 친구의 다리가 계속 잊혀지지 않는다. 낯 설다는 것 외에 무서웠었는지 놀랐었는지 기억은 확실하지 않지만 선명하게 그 장면이 남아있고 종종 가위 눌려 그 장면을 보는 것을 보면 축 늘어진 다리로 기억되는 친구의 죽음이 내게는 깊은 상처라고 생각된다. 매일 같이 놀던 친구가 그렇게 황망하게 갔는데 아무도 내게 내 친구가 어떻게 그렇게 된 것인지 어디로 갔는지 설명해주지 않았다. 물을 수 없었던 무거운 분위기에 친구에게 무슨 일이 일어난 것인지 말을 꺼내 볼 수도 없었고 나도 뭔가 잘 못한 것 같은 눌린 기분으로 그 시간들을 지내온 것 같다. 친구는 떠나 버리고 혼자 남은 슬픔인지 아픔인지 여전히 6살 그 때의 삐죽이 들 것 위로 나와 있던 그 친구 다리만 두려움으로 내 기억 속에 남아 있다.

성인이 된 나이에도 어린 시절 겪은 친구의 죽음이 해결되지 않은 상처로 남아있는 것입니다. 이처럼 어린이들도 어쩔 수 없이 어린 나이에 죽음을 경험합니다. 이 어린이들에게 죽음은 어떤 의미일까요? 어른처럼 생각하고 반응하는 것과 같은 것일까요? 중요한 것은 죽음과 같은 상실을 겪는 어린이들의 경험은 어른이 생각하는 것과 같지 않다는 것입니다. 왜냐하면 어린이는 '어른의 축소판인 작은 사람'이 아니라 전혀 다른 특성을 지닌 어른과는 다른 존재이기 때문입니다. 그래서 죽음을 이해하는 아이들의 방식이 성인의 방식과 다름을 이해하는 것이 필요합니다. 어린이들이 죽음에 대해 말이 없다고 해서 죽음에 대한 생각이 없거나 관심이 없다고 결론짓지 않아야 합니다. 죽음에 대처하는 어른들의 어려움과 불안이 아이들에게 투영되기도 합니다. 죽음을 겪은 어린이에게 나타날 수 있는 것은 다음의 세 가지 질문에 들어있는 주제들입니다.

　내가 죽음을 초래한 걸까요?

　나에게도 이런 죽음이 일어날까요?

　누가 나를 돌봐 줄까요?

　즉 어린이가 겪는 것의 주제는 인과성, 취약성 그리고 자신의 안전 문제입니다. 이에 관해 어린이에게 명확한 설명과 도움을 주어야 합니다. 이에 대한 대답은 1988년 출간된 샌드라 폭스<sup>Sandra Fox</sup>의 저서에서 찾아볼 수 있습니다. 그는 죽음을 경험한 어린이들[22]이 긍정적인 애도를 할 수 있도록 하려면 다음의 네 가지 과제를 실천하는 것이 필요하다고 말합니다.

(1) 어린이들이 일어나고 있는 죽음이나 일어난 죽음을 이해할 수 있도록 노력하기

(2) 어린이들이 현재 일어나고 있는 예상된 죽음이나 일어난 죽음에 대해 감정을 표현하고 강한 반응을 할 수 있도록 해주기

(3) 공식적이거나 혹은 비공식적 기억을 통해 잃어버린 그 삶을 기념하도록 해주기

(4) 이런 일을 통해 어떻게 살아가야 하고 사랑하는지를 배우도록 해주기 [23]

그러나 실제 죽음이 직면했을 때 어린이들이 그것을 알려고 하고 감정을 표현하고 슬픔과 상실에 대처하는 것을 배우려는 노력을 어른들이 종종 차단하기도 합니다. 죽음에 대해 알려주지 않거나 질문에 몰라도 된다고 하거나 장례식 등에 어린이를 배제하는 경우입니다. 그러나 어른들은 어린이들이 죽음과 상실에 대해 배워

야 한다는 것을 이해하고 어린이의 실제 요구에 응답하고 있는지 세심한 노력을 기울여야 합니다. 어린이와 명확하고 효과적으로 의사소통하려고 해야 합니다.

탁월한 저서로 죽음학의 이해를 돕는 차알스 코어 Charles Corr에 따르면, 어린이에게 죽음을 이해시키려는 노력은 열린 의사소통을 통해 이루어져야 한다고 합니다. 위에 열거한 대처법이 도움이 되지만 더 바람직한 것은 평소에 죽음에 대해 이해하거나 알려 줄 수 있는 좋은 기회를 찾는 것입니다. 평상시 감정적으로 환경적으로 안전한 상태에서 죽음과 상실에 대해 가르쳐 준다면 어린이들이 더 받아들이기 쉽기 때문입니다. 어린이들이 흥미를 느낄 수 있도록 TV같은 매체나 혹은 관심 있어 하는 인터넷이나 온라인 프로그램 등에서 죽음관련 내용이 나올 때 '가르칠 수 있는 순간'을 활용하는 것입니다. 어린이들에게 죽음과 관련해 무엇이 알고 싶은지 혹은 죽음에 대해 무엇을 알고 있는지 질문도 하고 어린이들로 하여금 죽음에 대한 자신의 질문도 유도하여 질문에 세심하게 답변해 줍니다. 만약 어린이가 대답하기 어려운 질문을 한다면 억지로 설명하기 보다는 모르는 것을 인정하고 함께 답을 찾아보자고 격려합니다. 이처럼 일상의 편안한 환경에서 어린이와 상호 작용하고 어린이에게 맞는 느낌과 경험을 공유 할 수 있는 기회가 주어지면 어린이는 그들만의 특성을 발휘해 죽음과 슬픔에 대처하는 방법을 이해하고 배울 것입니다.

# 노년,
# 균형의 지혜에서 인생을 통합하다

　가파른 속도로 초고령화 되고 있는 사회에서 노년기의 사람들이 맞을 죽음에 대한 논의가 절실합니다. 살기에 급급했던 시기라 죽음에 대한 준비가 없었을 수도 있고 죽음을 외면하고 회피해 죽음을 의식하지 않은 탓에 준비를 못했을 수도 있을 것입니다. 노년층은 전 세계적으로 그 비율이 늘어가는 추세입니다.

　우리나라도 2020년 통계청 자료로 현재 총인구 약 오천백칠십팔만(51,780,579)에 65세 이상 고령인구수 팔백십이만(8,125,432)으로 그 비율이 약 15.7%로 인구 6명당 1명이 노인입니다. 이대로라면 2025년에는 그 비율이 20.3%로 인구 5명당 1명이 노인이고 2030년이 되면 25%로 인구 4명당 1명이 노인이 됩니다.

65세 이상 인구가 총인구에서 차지하는 비율이 7% 이상이면 고령화사회<sup>Aging Society</sup>이고, 65세 이상 인구가 총인구에서 차지하는 비율이 14% 이상이면 고령사회 <sup>Aged Society</sup> 라고 하고, 65세 이상 인구가 총인구에서 차지하는 비율이 20% 이상이면 초고령사회<sup>Post-Aged Society</sup> 라고 합니다. 이 수치에 따르면 우리는 이미 고령사회에서 초고령사회로 가파르게 진입하고 있다는 것입니다.

전체 인구 대비 고령 인구의 수가 많아지고 비율이 높아진다는 것은 노년 인구가 맞을 죽음에 대한 대비가 절실하다는 것입니다. 전 연령층이 함께 어우러져 사는 우리 사회에서 죽음 준비에 대한 고민과 논의가 우리 모두에게 임박한 문제이기도 한 것입니다.

노년기에 이상적이고 바람직한 죽음에 대한 사람들의 인식은 문화, 개인의 성향, 상황, 형편과 살아 온 이력에 따라 각기 다를 것입니다. 불치병으로 생명의 위협을 받지 않는 상황의 노년에게 초점을 맞추면 바람직한 죽음의 공통분모가 보입니다. 바람직한 죽음에서 보편적으로 선호되는 것은 건강한 생활 속에서 잠자듯이 죽는 것이라 하여 분명한 선호는 있어 보입니다.

그러나 구체적으로 들어가 바람직한 임종 준비를 한다 생각하면 이것만으로는 매우 막연합니다. 아마도 지인들에게 안녕을 고하고 재산을 정리해 나누고 의식이 없을 때를 대비하여서 할 것과 하지 말아야 할 것을 정하는 것이될 것입니다. 그런데 이것은 아주 외연적인 것입니다. 더욱 중요한 것은 나의 내면 상태와 사랑하는 사람과의 교류와 내가 떠난 자리에 무엇을 남기느냐가 될 것입니다. 자신이 이상적으로 생각하는 임종 장면을 묘사해 보면 좀 더 세부적인 임종 준비에 도움이 될 것입니다.

사랑하는 사람들에 둘러싸여 삶을 마무리하고 떠나간 사람의 자리에 아쉬움이 남는 것 그리고 통증, 호흡 곤란 등 말기 단계에 종종 수반되는 증상이 없을 수 없겠지만 적으면 좋을 것입니다. 이러한 평안한 죽음에는 필요한 것들이 있습니다. 친숙한 환경과 긍정적인 인간관계, 그리고 신체 상태가 비교적 양호해야 할 것입니다. 하지만 무엇보다 중요한 것이 사랑하는 사람들과의 교류입니다. 그리고 경제적인 것, 그리고 신체의 건강입니다. 평안한 죽음은 비전이나 환상으로 기적처럼 이루어지는 것이 아닐 것입니다. 매일 매일 반복되는 삶의 연속에서 이루어집니다. 나의 임종이 어떠할 것인지 지금은 알 수 없다고 하지만 삶의 모습을 보면 인생의 마지막이 보일 것입니다. 이러한 평안한 죽음을 맞을 수 있는 기회가 이루어지도록 현재 나의 현실이 열려 있다는 것을 인식하는 것이 중요합니다. 나의 선택이 나의 마지막을 이끌어낼 것입니다.

노년기는 자아 통합감의 시기입니다. 유년기부터 노년기까지 전 생애를 8단계로 묘사한 에릭슨^Erikson에 따르면 그가 묘사한 발달 단계 중 마지막 단계가 자아 통합감의 시기입니다. 65세부터 시작되는 이 기간은 자신의 삶이나 한 일을 숙고하는 시기이기도 합니다. 에릭슨은 자아 통합감을 자신의 하나뿐이고 유일한 생애주기를 꼭 그랬어야만 했던 것으로 받아들이는 것이라고 묘사합니다. 후에는 '일관됨과 온전함'으로 묘사하여 자신의 인생을 그대로 받아들이는 통합적 감각을 발휘하는 나이로 묘사하기도 했습니다. [24]

실제로 이 연령층의 개인적 관심이 미래에서 과거로 옮겨가므로 자신이 지금까지 살아온 생애를 돌아보면서 자신의 생애가 가치 있는 삶이었는지를 음미해 봅니다. 죽음에 직면하여 지혜롭고 온전하게 외부 세계로부터 다시 자신의 내면으로 향하여 적극적인 관심을 갖는 시기인 것입니다. 노년기에 삶이 비생산적이라고 생각하거나, 삶의 목표를 달성하지 못했다고 느끼면 종종 절망으로 이어진다고 하여 '자아 통합감 VS 절망의 단계'로 표현했습니다.

이 단계에서 성공하려면 지혜롭게 삶을 바라보는 것이 필요합니다. 즉 '삶의 종료와 완결'을 위해 자신의 삶을 되돌아보고 두려움 없이 죽음을 받아들이는 것입니다. 그래서 이러한 노년기에서 말하는 현명한 사람들이란 지속적인 자아 통합감만을 가져야 하는 것이 아니라 자아 통합감과 절망을 모두 경험한다는 것을 받아들이는 것입니다. 우리는 이분법으로 어떤 사람은 완전한 자아 통합감을 갖고 어떤 사람은 절망감을 가질 것이라 생각하기 쉽습니다. 그러나 어느 누가 완벽하게 온전히 자아 통합감을 가질 수 있으며 또한 어떤 누구도 절망감만을 갖는 것은 아닐 것입니다.

사람들은 고통이 적고 익숙한 환경에서 사랑하는 사람들로 둘러싸여 평안하게 마무리하기를 희망합니다. 여전히 삶의 종결을 의학적 관점에서는 의견 차이가 계속되고 있습니다. 마지막 숨을 쉴 때까지 삶을 붙잡기 위해 애써야 할까 아니면 불가피한 순간으로 수용하고 받아들여야 할까? 이와 같은 질문은 사실 격렬한 논쟁이 예상되고 각기 다른 의견으로 치열한 주장이 있을 수 있습니다. 2018년 2월 4일부터 시행된 사전연명의료 계획도 새로운 걸음입니다. 인간의 존엄성이 무너진 무의미한 연명치료에 대해 죽음학자들이 문제를 제기하고 해결을 위해 힘썼던 것을 기억합니다. 작은 시작으로 사전연명의료 계획 작성을 실천하는 것도 하나의 바람직한 죽음의 준비가 될 것입니다.

무엇보다도 생애주기 심리학자 에릭슨의 진단대로 노년은 자아 통합감과 절망 둘 다 나타나고 그 둘 사이에서 균형을 잡는 것이 필요합니다. 노년은 어떠한 감정이 생기더라도 자신이 균형을 잡아야 합니다. 사랑하지 못해 아쉬웠다면 사랑할 수 있는 시간이 남아 있습니다. 용서하지 못해 아쉬웠다면 용서할 수 있는 시간이 남아 있습니다. 혹은 용서를 구하거나 미안한 마음을 표현할 시간도 아직 있습니다. 노년이라면 균형감을 붙들고 지혜롭게 나아갈 수 있습니다. 자신이 어떻게 하느냐에 따라 달라지는 시기, 노년의 나이에 내면을 바라보고 자아 통합감으로 죽음을 지혜롭게 맞을 수 있도록 준비하는 것은 이 시기만이 누릴 수 있는 미덕입니다.

# 죽음 앞 알림과 은폐 사이에서

　노환으로 혹은 질병이나 급작스런 사고로 임종을 앞둔 환자에게 죽음이 임박했다는 사실을 알려야 할지 숨겨야 할지에 대해서는 다양한 의견과 갈등이 있습니다. 환자가 알고 두려움으로 더 악화될까 하는 염려가 있으며 아울러 환자에게 알려 생의 마지막을 준비하도록 하는 것이 더 나을 것이라는 생각들도 있습니다.

　사실 죽음을 앞두고 고통스럽게 사투를 벌이고 있는 환자의 격렬한 통증으로 대화를 시도하기는 쉽지 않은 일입니다. 바라보는 것만으로도 숨이 막힐 만큼 함께 괴로워 간단한 말조차 어려울 것입니다. 어쩌면 중환자실에 있어 대화 자체가 차단될 수도 있고 아예 의식이 없어 대화할 수 없을 수도 있습니다.

그런 어려움 가운데 조금 상황이 나을 때라도 가감 없이 생각을 나누며 의사소통 하는 것은 매우 어렵고도 고도의 경청 기술과 노력이 필요한 일입니다. 죽음을 준비하는 사람과의 관계에서 의사소통을 하는 것은 다가올 죽음을 긍정적으로 보고 그 시간들을 맞는 데 있어 매우 중요한 역할을 합니다. 그래서 죽음을 앞둔 환자와 가족 간의 의사소통은 죽음을 다루는 데 있어 한 주요 영역이 되었고 1990년대에서부터 죽음을 앞둔 개인과 관련된 의사소통 문제, 특히 당사자와 가족, 의료진과의 의사소통 개선의 필요성 등 의사소통 문제에 관심을 두기 시작했습니다. 그렇다면 대화를 나눌 수 있는 상황이라 하더라도 왜 죽음을 앞둔 사람과의 의사소통이 어려운 것일까요?

먼저 죽음을 앞둔 사람은 자신의 현실을 직면하고 싶지 않을 수 있습니다. 어쩌면 미처 자신의 죽음에 대해 생각할 시간적인 여유도 없으며 자신이 처한 상황의 강도를 감정적으로 처리할 수 없다고 느낄 수도 있습니다. 죽음을 앞두고 너무 오랜 시간 병상에 있어 사랑하는 사람들이 자신을 싫어할까 걱정하거나 고립되는 고통으로 침묵하기도 합니다. 환자의 걱정이 그렇다면 돌보는 사람은 어떨까요? 사랑하는 사람의 죽음을 어찌하든 막아볼 수 있지 않았나 싶은 회한에 임종을 앞둔 이와의 상호 작용을 회피할 수도 있습니다. 사랑하는 사람의 죽음을 예상하면서 슬픔에 압도되어 죽음을 앞둔 당사자와의 상호 작용이 아예 어려울 수도 있습니다.

죽음을 맞는 당사자와 가족들에게 자신이나 사랑하는 사람의 임박한 죽음에 대한 예상은 매우 두렵고 힘든 일이지만 환자와 가족 혹은 돌보는 이들 간에 정직하게 소통을 하는 것은 매우 중요합니다. 열린 소통이 죽음에 대한 건강한 적응으로 이어지기 때문입니다. 죽음을 앞둔 사람과 돌보는 가족이나 의료진 간의 의사소통이 개방적이고 긍정적이어야 죽음에 대한 정서도 긍정적 영향을 받습니다. 무엇보다도 열린 의사소통이 이루어지지 않으면 돌보는 사람은 죽음을 앞둔 당사자의 실제 생각과 감정보다 자신의 선입견과 생각으로 행하기 쉽습니다.

사실 사람들에게 있어서는 죽음을 생각하는 것만으로도 죽음 자체만큼이나 많은 두려움과 염려를 불러일으킬 수 있습니다. 그러나 죽음을 앞둔 이에게 죽음을 알리고 준비하게 하는 것이 필요합니다. 가족의 한 사람을 어떻게 떠나보낼 것인지 죽음을 맞게 될 과정을 논의하고 마지막 며칠, 몇 주, 몇 달을 어떻게 보낼지 미리 생각하고 대화를 시작하는 것은 서로에게 매우 유익할 수 있습니다. 열린 대화를 하지 않으면 죽음을 맞이하는 과정이 금지된 주제가 되어 전혀 의사소통을 못하고 환자나 가족이 나누고 싶은 말을 가슴에 둔 채 그만 삶이 끝나버려 후회를 초래할 가능성이 큽니다.

그러나 그 중에서도 특히 환자가 죽음을 앞두고 있다는 사실을 모를 때 이것을 알려야 할지 말지 아니면 아닌 것처럼 감추어야 할 지 고민이 많이 됩니다. 즉 죽어가는 환자가 자신의 임박한 죽음을 알게 해야 할지 아니면 알리지 않아 의심스런 상태로 둘지 여부는 매우 어려운 문제 중 하나입니다. 그런데 이것은 오늘날의 문제일 뿐만 아니라 60여 년 전에도 동일한 문제가 있었습니다. 이미 1960년대에 이 문제에 대해 글레이저<sup>Glaser</sup>와 스트라우스<sup>Strauss</sup>는 죽음을 앞둔 이와의 의사소통에 관해 연구를 수행했습니다.[25]

1960년대의 미국도 오늘날 대부분의 죽음을 앞둔 사람들이 그렇듯 병원이나 호스피스 및 요양원에서 임종을 맞았습니다. 그래서 이 주제의 연구에 죽음을 알릴 주체는 환자 가족이라기보다 의료진이었지만 이것은 그대로 환자 가족에게도 적용될 수 있습니다. 오늘날의 한국적 상황도 그 당시와 거의 동일하여 병원이나 호스피스 병동 및 요양원에서 임종을 맞습니다. 1960년대의 두 연구자는 의료진이 죽음에 대해 공개적으로 이야기하는 것을 주저하고 환자에게 죽음을 앞두고 있다고 말하는 것을 피하는 경향이 있음을 발견했습니다. 글레이저와 스트라우스가 연구 이전에는 알려지지 않았던 내용 즉 죽음 상황을 알도록 하는 자각<sup>awareness</sup>이라는 것이 환자, 가족, 간호사 및 의사에게 미치는 영향을 알아낸 것입니다. 죽음의 상황을 알리는 자각에는 닫힌 자각closed awareness, 의심 자각suspected awareness, 상호 가장 자각mutual pretense awareness, 열린 자각open awareness의 네 가지 뚜렷하게 다른 자각이 있다는 것이었습니다.

닫힌 자각은 환자가 자신의 임박한 죽음을 알지 못하도록 하는 것을 뜻합니다. 의료진과 가족이 환자가 죽음을 앞두고 있다는 것을 알면서도 죽어가는 환자가 회복할 수 있는 여지를 주기 위해 그 상황을 알리지 않고 환자가 의심하지 않게 조심하며 환자에게 부정확한 정보를 줍니다. 환자가 자신의 상황에 대해 낙관적인 생각을 하게 하는 것입니다. 그러나 이 경우에 환자는 회복될 것이라는 잘못된 믿음을 갖게 되어 적절하게 죽음을 맞이하지 못하게 될 것입니다.

그런데 이렇게 감추고 은폐함에도 불구하고 환자가 자신이 죽을지도 모른다는 의심이 드는 때가 오며 의심 자각 상황이 됩니다. 이 자각에서 환자는 자신이 죽어가고 있음을 확신은 못하지만 의료진이나 돌보는 사람이 자신이 죽어간다고 알고 있다는 것으로 의심합니다. 일단 의심이 생기면 환자는 완전히 진실까지는 아니어도 의심을 확인하기 위해 여러 질문을 던지거나 살피게 됩니다. 자신의 진료 단서들을 근거로 증상에 대해 캐어묻거나 질문을 돌려 다시 묻는 등 의심을 확인하려고 합니다. 이러한 의심 자각 상태는 환자에게 상당한 부담을 주고 긴장의 분위기를 조성합니다.

이러한 유형의 의심 자각에서 상호 가장 자각과 같은 유형으로 진화하는 경향이 있습니다. 상호 가장 자각은 환자와 관련된 사람들이 환자가 죽어가고 있음을 알고 있지만 서로가 모르는 척할 때 발생합니다. 상호 자각에 약간의 위안이 있을 수 있지만 환자와 돌보는 사람들은 이 가장된 환상을 유지하기 위해 조심하며 서로 눈치를 보게 됩니다. 서로 다가올 죽음에 대해 모르는 듯 가장하며 안전한 이야기만 나누고 죽음이 다가온다는 게 드러날 이야기는 회피합니다. 의도하지 않게 죽음을 앞 둔 사실이 드러날까 봐 상호 가장 자각은 환자와 의료진과 가족 모두에게 상당한 압박감을 줄 수 있습니다. 죽음을 앞둔 상황이 진행됨에 따라 명백하게 신체적으로 악화되고 환자가 혼자서 죽음에 직면할 수 없다고 느낄 때 비로소 이 가식을 깨고자 시도합니다. 이 시점에서 개방 자각으로 전환합니다.

열린 자각의 맥락에서 의료진과 환자와 환자 가족은 환자의 상태가 죽음에 이르렀다는 것을 인정합니다. 비록 죽음을 앞두었다는 사실이 환자와 가족과 의료진을 누르지만 환자는 자신이 죽어가고 있음을 알고 받아들여 준비하며 가족은 솔직하게 상황에 대처하고 위로할 수 있습니다. 열린 자각은 환자가 적절한 방식으로 자신의 삶을 의미 있게 마감할 수 있는 기회를 줍니다. 가족과 친척들과 공개적으로 이야기할 수 있도록 해줍니다. 우리는 종종 죽음을 앞둔 사람이 고통스러울까봐 완곡어법을 사용하기도 하고 숨기기도 합니다. 그러나 본인의 삶의 종지를 모른다면 자신의 삶에 대한 마감과 정리도 못 한 채 황망하게 죽는 순간을 맞아 후회하며 끝낼 수도 있습니다.

죽음을 앞둔 사람과의 대화는 긴장되고 날카롭고 어려운 일입니다. 그러나 지금이 바로 대화해야 할 순간일 수 있습니다. 경청과 존중으로 다가가십시오. 더구나 죽음을 앞둔 환자를 돌보신다면 열린 자각이 가능하도록 열린 대화로 나아가십시오. 자신의 죽음을 앞두고 준비할 수 있는 시간을 주십시오. 오늘도 어디서인가 죽음을 앞둔 환자를 돌보며 죽음의 상황을 알려야 하나 고민하시는 분들에게 부드러우면서도 진솔하게 열린 자각으로 나아가시길 권해드리고 싶습니다. 죽음을 앞둔 환자와의 대화, 얼마나 힘드신가요! 그러나 나 말고도 그 문제에 대해 깊이 고민하고 해결책을 찾고자 했었던 사람들이 있었다는 사실에 작게라도 위로받으시길 바랍니다.

# 안락사 <sup>安樂死·euthanasia</sup>는
# 왜 법의 범위를 벗어날까?

최근에 이슈가 되는 죽음 관련 주제 중 하나는 '어떻게 죽음을 관리할 것인가' 하는 것입니다. 사실 많은 사람들은 자신의 의지와 판단으로 죽음을 통제하고 관리하고 싶어 하는 욕구가 있기 때문에 이러한 이슈에 대한 관심이 증가하는 것은 당연한 것이기도 합니다. 연명의료제도가 그러한 의지와 판단의 선택이며 안락사도 그러합니다. 그러나 안락사는 하나의 관점으로 판단하여 말하기 쉽지 않습니다. 철학, 윤리학, 인문학, 생명학, 의학, 사회학 등의 여러 학문 중 어떤 이론을 적용할 것인가에 따라 또 안락사의 목적과 동의 형태 등에 따라 다른 결론을 낼 수 있기 때문입니다.

안락사는 2018년 2월 4일부터 시행된 우리나라의 연명의료결정제도와는 다른 것입니다. 연명의료결정제도는 '김 할머니 사건'이라 하여 의료적으로 유명한 사건에서 사회적 공감대가 형성되어 시행된 것입니다. 폐암 발병 여부를 확인하고자 했던 76세의 김 할머니는 검사 진행 중 의식을 잃어 '식물인간 상태'에서 인공호흡기와 같은 생명 연장 장치를 하게 됩니다. 할머니의 가족들은 평소 할머니의 뜻이라며 인공호흡기를 제거해 달라고 요청했지만 병원에서는 이를 받아들이지 않아 소송까지 가게 됩니다. 소송 결과 대법원에서는 다음과 같이 판결했습니다. 할머니가 회복 불가능한 사망 단계에 진입해, 연명치료 중단에 대해 환자 의사를 추정할 수 있다면 해당 환자에 대한 연명 치료를 중단할 수 있다는 것입니다.

김 할머니 사건 이후, '연명의료결정법'이 제정되어, 이 법에 근거해 연명의료결정제도가 시행되었습니다. 연명의료결정제도는 임종 과정에 있는 환자에게 심폐소생

술, 인공호흡기 착용, 혈액투석, 항암제 투여, 체외생명유지술, 수혈, 혈압상승제 투여 등의 7가지 단지 임종 과정만을 연장하는 의료 행위를 하지 말자는 취지입니다. 다시 소생할 가망이 전혀 없는 임종 환자에게 연명만 시키는 불필요한 의료 행위를 하지 말고 존엄한 죽음을 맞도록 하자는 것이 목적인 것입니다. 연명의료결정법 시행에 따라 '연명의료 거부 결정'에 대해 19세 이상이면 자신의 의사를 밝히는 사전연명의료의향서를 통해 연명의료에 대한 자신의 의사를 남겨놓을 수 있습니다. 반면에 연명의료 결정과 달리 '안락사'는 환자의 고통을 덜어주기 위해 생명을 인위적으로 종결시키는 모든 행위를 뜻하며 사망을 위한 방법과 시기를 제한하지 않는다는 점에서 분명하게 다릅니다.

만약 죽음을 스스로 관리하고자 한다면 죽음을 앞둔 상황에서 크게 두 가지로 생각해볼 수 있을 것입니다. 한 가지는 개인에게 죽음을 맞이할 시간을 기다리도록 하는 것이고 또 다른 하나는 의사에 의한 조력 자살로 자신의 죽음을 완벽하게 통제하는 것입니다. 안락사는 옥스포드 영어사전에 따르면 '부드럽고 쉬운 죽음'

이라는 의미입니다. 원래의 의미에서 점차 '부드럽고 쉬운 죽음을 유도하는 행동The actions of inducing a gentle and easy death'을 뜻하는 것으로 바뀌었습니다. 즉, 안락사라는 의미 자체는 편안하고 쉬운 죽음의 의미였지만 현재는 죽음을 유도할 수 있는 행위를 뜻하는 것으로 바뀌어 현재 사용되는 있는 의미와 일치하게 된 것으로 생각됩니다. 안락사에 대한 의미에 관한 해석은 다양하겠지만 결론은 일종의 조력 자살입니다. '편안하고 쉬운 죽음으로 이끈다.'라고 했는데 실제 그러한지 그렇게 행하는 과정은 합당한지 살펴볼 필요가 있습니다. 왜냐하면 안락사라는 용어는 '선한 죽음'의 개념을 연상하고 가치중립적이어야 함에도 불구하고 현장에서는 그 뜻과 다르게 쓰일 수 있는 가능성이 있기 때문입니다. 아울러 안락사가 행해지는 것은 그 단어의 뜻처럼 선한 죽음을 유도하는 방법이라기보다는 죽음을 앞두고 심한 고통으로 인해 죽음을 택하는 의미로 쓰이기도 합니다. 그리고 안락사라는 용어의 의미가 그 선택을 정당화하기 위한 방편으로 인용될 수도 있습니다. 그래서 안락사는 시행 과정의 차이나 환자의 동의 여부에 따라 다 다르고 어느 관점에서 볼 것인가에 따라 견해가 다른 복합적인 논쟁의 중심에 서 있는 죽음의 행위입니다.

일단 안락사는 행위가 자발적인지, 비자발적인지 여부에 따라 다르게 분류됩니다. 자발적 안락사라 함은 판단이 가능한 환자의 희망에 따른 요청으로 행해지는 의사의 의료 행위입니다. 이에 비해 비자발적 안락사는 환자의 희망을 벗어나 이루어지는 것입니다. 비자발적 안락사의 예를 들어 본다면 치명적인 암으로 고통 받고 있는 환자가 있을 때 환자는 원하지 않는데 항암제의 과다 복용을 권하는 경우일 것입니다. 이 분류뿐만 아니라 환자의 동의 여부에 따라 적극적 안락사와 소극적 안락사, 그리고 원인과 결과에 대한 인과성에 초점을 둔 간접적 안락사, 취약한 계층에 요구된 부당한 안락사도 있습니다. 어떤 동기를 중심으로 볼 것인가에 따라 안락사는 다양합니다. 이렇게 안락사에 대한 다양한 관점과 논의가 있지만 그 어느 것도 완벽하다거나 허점이 없다고 할 수 없습니다. 많은 경우의 수와 복잡한 환자의 변수에 따라 책임과 판단에 치열한 다툼의 여지가 있기 때문입니다. 따라서 현재 안락사에 관한 판단을 지켜보는 것이 그것을 이해하는 데 도움이 될 것입니다.

현재 안락사는 불법으로 간주됩니다. 그러면 안락사를 불법이라 판단하는 근거는 무엇일까요? 안락사는 생명의 신성함에 거스른다는 인식일 것입니다. 생명의 신성함은 불가침의 신성함을 말합니다. 인간의 생명은 신성한 것으로 누구도 침범할 수 없는 가치이며 누구도 다른 사람의 생명을 함부로 할 수 없는 것입니다.

또한 현재 인간이 내리는 진단 오류의 가능성을 고려하여 안락사를 하지 않아야 하는 이유를 말합니다. 어찌할 수 없는 불치병이라는 최종 진단에서조차도 오류가 있을 수 있고 나를 포함하여 그 누구라도 잘못된 진단의 희생자가 될 수 있기 때문입니다. 또한 안락사 당시에는 그 질병을 치료할 수 없다고 판단할 수 있으나 의학의 급속한 발전으로 인해 그 질병에 대한 치료법이 곧 나올 수 있다는 가능성과 희망 때문이기도 합니다. 그런 경우 안락사라는 결정은 그 사람이 실제로 죽을 가능성이 많았기 때문이더라도 실수가 될 수 있는 것입니다. 예를 들어, 급속한 사망으로 목숨을 잃은 AIDS(후천성 면역결핍증후군)에 걸린 많은 사람들은 그 질병에 대한 새로운 치료법의 개발을 예상하지 못했었으나 현재는 지속적인 투약으로 생명 유지가 가능해진 경우입니다.

또 하나는 아무리 안락사에 대해 최고의 통제와 규제를 한다 해도 특정 상황에서 안락사가 오용될 가능성이 있습니다. 더욱 우려되는 상황은 안락사를 정당화하기 위해 한 번 문이 열리면 안락사의 기준을 넓혀 안락사가 더 널리 확산될 가능성이 있다는 것입니다. 예를 들어, 네덜란드에서는 안락사 및 보조 자살이 처음에는 말기 환자에게만 제공되었으나 1998년부터 안락사에 대한 규정이 완화되어 말기 질환이 아니더라도 만성 신체적 또는 심리적 질병으로 고통 받는 사람들의 자살을 지원하는 데 사용됩니다. 고통을 극복하고 이겨내기보다는 고통을 끝내버리는 방편으로 사용된다는 것입니다. 그렇다면 고통은 사람에 따라 느끼는 강도가 다른데 쉽게 결정할 위험도 크다는 것입니다.

안락사를 염려하는 또 다른 이유는 약하고 힘이 없고 불우한 사람들을 고려해야 한다는 것입니다. 안락사에 대한 정보를 알지도 못하고 자신이 스스로 선택할 수도 없는 약하고 힘없는 사람들이 어떤 면에서 일찍 사망을 선택하도록 강요당하거나 피해자가 될 수도 있다는 것입니다. 이 외에 안타까운 것은 말기 환자의 고통을 줄이는 데 초점을 맞춘 완화 치료 프로그램들이 계속 개발되고 있다는 정보도 알지 못하고 안락사를 결정하고자 한다는 것입니다. 그 프로그램들을 활용하면 통증을 좀 더 제어하고 심리적인 상황을 개선함으로 고통의 상당 부분을 완화할 방법을 찾을 수 있는 데도 말입니다.

'생명 존중'이라는 인류 보편적인 정서에서 생명을 존중하며 삶을 유지하는 것은 증명을 해야 하는 논리의 문제가 아니라 그대로 받아들여야 하는 당연한 명제입니다. 안락사에 대한 찬성과 반대에 다양한 논리와 의견이 있겠지만 생명 존중이라는 관점이 안락사의 윤리적 문제 해결과 결정 방향을 이해하는 데 도움이 되길 기대합니다.

# 차가운 병실에서
# 음악으로 받는 위안

　임종을 앞둔 가족이 가정에 있다면 마지막까지 가족과 평소 익숙하던 집에서 임종을 맞이하겠지만 병원이라면 병실에서 그 마지막을 보내야 할 것입니다. 임종실을 두어 임종 당사자와 가족이 함께 소중한 시간을 보낼 수 있도록 하는 병원도 있습니다. 긴박하게 임종을 맞는 경우도 있지만 고통의 시간이 여러 날이 걸리는 경우도 있습니다. 이 시간은 임종 환자와 지켜보는 가족에게 몹시 고통스럽고 힘든 시간입니다. 무엇보다도 정작 당사자 자신이 겪는 고통과 상태는 상상하기조차 힘듭니다. 비교적 평안히 눈을 감으며 임종을 맞는 경우도 있지만 임종 시 고통의 괴로움을 외치고 안간힘을 쓰며 근육 경련과 같은 격렬한 반응을 보일 수 있기 때문입니다.

어떠한 경우이든 죽음을 맞기까지의 과정도 엄연한 생명 활동의 연장이므로 중요한 시간이고 의미 있는 시간이 되도록 배려하는 것이 필요합니다. 또 사람마다 완전한 죽음에 이르기까지는 마지막 몇 주간, 혹은 며칠간의 시간은 다를 수 있지만 죽기 전에 보이는 힘들고 고통스러운 모습은 대부분이 겪는 어려움이라는 것에 차이가 없을 것입니다.

무엇보다도 임종을 앞둔 분에게 주변에서는 여러 위로의 말과 격려로 힘을 내길 바랍니다. 하지만 곧 말은 위로와 격려의 의무를 다하면 오랜 시간 침묵으로 이어지게 될 것입니다. 이때를 위해 우리나라에서는 잘 알려지지 않은 뮤직 싸나톨로지를 추천합니다. 죽음을 앞둔 사람이나 그 가족 및 친구를 돕기 위해 음악으로 위안을 주는 것입니다.

음악이 주는 이점은 여러 가지입니다. 음악은 여러 상황에서 도움이 될 수 있으며 고통에서 심리적 안정을 주며 위안을 받을 수 있게 해줍니다. 또한 영화나 책보다 훨씬 많은 공감 경험치를 제공하므로 위안을 주게 됩니다. 독특한 재치로 수세기와 은하계를 가로지르는 놀라운 여행을 떠나는 루크 오닐$^{Luke O'Neill}$ 교수는 그의 책 〈Humanology〉[26]에서 음악에 대해 다음과 같이 이야기합니다.

음악과 건강을 주제로 한 400여 건의 연구를 통해 음악 듣기가 면역 체계에 도움이 된다는 것입니다. 뿐만 아니라 음악은 IgA라는 항체의 생산을 높이고 음악은 NK세포$^{natural killer cell}$의 수도 늘린다고 합니다. NK세포가 하는 일은 바이러스에 대처하고 종양을 죽이는 데 매우 중요한 역할을 하므로 건강에 유익하며 우리가 음악을 들으면 뇌의 '궁형 다발$^{arcuate fasciculus}$' 부위가 밝아진다고 언급했습니다.


임종을 앞둔 사람은 반응이 없을 수 있지만 무의식 상태에서도 주변에서 일어나는 일을 느끼고 있으며 대화를 들을 수 있다는 증거들이 늘어나고 있습니다. 사람이 죽기 전에 가장 마지막까지 작동하는 감각이 소리나 음악을 들을 수 있는 청각이라고 알려져 있기도 합니다. 그러므로 생의 마지막 순간까지 음악이나 위로와 사랑의 말을 임종 환자에게 들려주는 것은 죽음을 맞는 사람에게 줄 수 있는 소중한 선물이 될 수 있을 것입니다.

임종을 앞둔 사람이 음악으로 위안을 받은 후에 더 편안해지고 비교적 덜 동요하며 통증이 줄어드는 경향이 있다고 합니다. 이것은 임종을 앞둔 이를 고려한 음악으로 환자의 통증, 초조, 불면증, 호흡 곤란과 같은 신체 증상을 완화하는 데 도움이 될 수 있기 때문으로 알려져 있습니다. 환자뿐만 아니라 그 시간에 함께 있는 간병을 하는 사람에게도 평온함과 편안함의 분위기를 제공하여 임종 당사자가 가질 수 있는 분노, 두려움, 슬픔과 같은 복잡하고 어려운 감정들을 완화시킵니다.

그러면 어떤 음악이 죽음을 맞는 사람에게 위로가 될까요? 개인과 환경에 맞게 적용해 본다면 어떤 고정된 음악들이 아닐 것입니다. 개인마다 생전 경험과 정서와 특징이 다 다르고 사람마다 좋아하는 음악이 다르므로 임종 음악을 하나의 고정된 음악으로 규정짓지 않아야 할 것입니다. 개인에게 특별하고 생전에 좋아하고 즐겨

들었던 음악을 듣도록 해준다면 많은 위로가 될 것입니다. 어떤 경우는 찬양이, 어떤 경우는 가곡이, 어떤 경우는 태평소 연주 같은 국악이, 가스펠송이나 애잔한 블루스나 클래식 혹은 특정 악기 연주, 밝은 분위기의 음악이나 노래가 될 수도 있을 것입니다. 듣기 원하는 음악이 잔잔히 흘러나와 익숙함과 친근함으로 마음을 어루만져 평안한 상태가 된다면, 그래서 그가 삭막하고 건조한 병실에서 만나는 마지막 고통을 견뎌내는 것에 힘이 되고 평안히 임종을 맞이하는 데 힘이 된다면 음악은 음악으로서 최선의 기능을 다한 것입니다.

# 반려동물을 잃은 상실 극복

    기쁨과 슬픔의 순간에 함께한 가족과 같이 함께 생활한 사랑하는 개와 고양이 또는 다른 반려동물이 죽었을 때 느끼는 슬픔과 고통은 겪어보지 않은 사람은 가늠하기 어려울 정도로 깊고 오래 갑니다. 도대체 반려동물의 상실은 왜 그토록 고통스럽고 슬플까요?

    이 시대에 1인 가구가 늘어가면서 많은 가정들이 반려동물과 강렬한 사랑과 유대감을 공유합니다. 반려동물은 단지 '개'나 '고양이'가 아니라 '가족'이며 '동반자'로 여겨지며 가족 내에서 겪는 여러 일상들을 함께합니다.

가족들과 함께 슬픔과 행복의 현장에서 그들만의 역할을 하며 삶에 위로와 즐거움을 줍니다. 그들이 있기에 하루의 삶이 잘 어우러진 것 같은 충만감을 느낄 수 있습니다. 반려동물을 산책시키면서 다른 사람들과 만나는 등 활동적으로 생활하는 계기를 줍니다. 사람을 활기 있게 해주며 사회적으로나 일상에서 겪는 힘든 일들을 극복하도록 정서적으로 돕습니다. 이렇듯 반려동물이 주는 정서적 지원과 활기 있는 삶, 반려동물의 충실함에서 오는 안정된 교제가 자녀와 가족에게 주는 긍정적 경험은 말로 표현할 수 없을 정도입니다. 이렇게 소중한 경험을 주기에 반려동물이 죽었을 때 극렬한 상실감과 슬픔으로 인해 고통 받는 것이 지극히 당연한 일이기도 하며 상실에 의한 슬픔으로 인해 정서가 황폐해지는 것은 자연스러운 일이기도 합니다.

그러나 반려동물의 죽음은 박탈적 상실의 한 형태로 인정되어 충분한 위로나 지지를 받지 못하기도 합니다.[27]

주변에서는 박탈적 상실로 연결되는 관계인 반려동물의 죽음에 "사람도 아닌데 뭘 그러냐"고, "그 까짓것

잊어버리라"고, "그게 무슨 대단한 일이냐"고 합니다. 아니면 "아무것도 아닌 일에 유난 떤다"고 타박하는 경우도 있습니다. 그래서 반려동물의 죽음에 더 당황해하고 고독감을 느낍니다.

사람마다 반려동물의 상실에 대해 다르게 반응하며 개인이 경험하는 슬픔의 정도는 반려동물과 함께한 시간, 함께 경험한 일들, 반려동물이 내게 한 역할, 반려동물의 나이, 죽음의 상황과 같은 요인에 따라 다를 것입니다. 아무래도 반려동물이 사람에게 중요한 정도에 비례해서 감정적 고통도 더할 수밖에 없을 것입니다.

퀴블러 로스의 인간 죽음에서 나타나는 상실의 5단계인 부인, 분노, 타협, 우울, 수용과 일치하지는 않지만 사람의 상실에서 겪는 고통과 비슷한 단계로 감정이 나타납니다. 처음에는 거부, 분노, 죄책감, 우울증 등의 감정을 보이다가 수용 및 해결에 이르는 감정을 경험하기도 합니다. 특별히 어린 자녀의 경우에는 상실감이 매우 크기 때문에 그 감정을 잘 다루어야 합니다. 어린 자녀에게 숨기지 않고 어린 자녀가 이해할 수 있는 방법으로 설명하는 것이 좋습니다. 대체로 안타까운 마음에 자녀에게 "강아지가 집을 나갔다"거나 아니면 "산책 갔다가 잃어버렸다"는 식으로 자녀의 감정을 보호하려 하지만 죽음은 삶의 자연스러운 부분이므로 어린이에게 솔직히 말하는 것이 중요합니다. 에둘러 감춘 경우에 장기적으로 더 많은 상실감, 죄책감 및 혼란을 줄 수 있기 때문입니다. 솔직하면서도 자녀가 이해할 수 있는 언어 표현으로 감정을 부드럽게 다루며 반려동물을 잃음으로써 성인도 얼마나 마음이 아프고 큰 상처를 입었는지 말해주면 어린이의 감정에 공감한다는 것을 알려주는 것이 바람직합니다. 반려동물에 대해 중요한 언급을 한 카우프만<sup>Kaufman</sup>부부는 반려동물의 죽음은 아이에게 특히 힘든 상실이기 때문에 부모는 자녀와 그 죽음에 대한 대화에서 사소한 것으로 다루어서는 안 된다고 조언합니다.[28]

반려동물을 상실한 슬픔에 어떻게 대처하는 것이 좋을지에 대한 것은 다양한 방식이 있으나 무엇보다도 타인의 인정이나 위로가 없더라도 스스로 상실이 큰 사건임을 인정하고 접근하는 것이 필요합니다. 반려동물의 죽음은 박탈적 상실의 한 형태로 간주되어 왔고 그 슬픔을 이해받지 못해 당황해하고 고독감을 느끼기 쉽습니다. 반려동물이 노쇠하여 죽는 것도 큰 상실이지만 그 외에 갑작스런 발병이나 사고로 죽는 경우 그 슬픔의 강도가 더할 수밖에 없습니다. 아래와 같은 접근이 상실감과 박탈감을 완화시켜 줄 수 있습니다

1. 슬픔을 감추고 아무렇지도 않은 것처럼 행동하기보다는 충분히 슬퍼하고 그 슬픔을 토해내는 것이 극복에 도움이 됩니다. 또한 반려동물을 잃는 것은 감당하기 어려운 사건이 될 수 있으므로 충격에서 벗어날 만한 충분한 시간을 갖도록 합니다. 서둘러 감정을 봉합하거나 괜찮은 것처럼 하여 깊은 상흔이 남지 않도록 다친 감정이 회복되도록 슬퍼할 시간을 갖고 일상으로 돌아오도록 합니다.

2. 애도의 깊은 감정의 굴곡을 염두에 둡니다. 반려동물을 잃는 것이 감정의 소용돌이에 빠지게 될 것을 염두에 두어야 합니다. 반려동물이 사라진 상태에서의 삶을 직면하면 말할 수 없는 절망과 죄책감 혹은 공

허감 등의 부정적인 감정이 발생할 수도 있습니다. 별다른 영향이 없는 것처럼 애써 강해지려 하고 자신의 감정을 감추기보다 솔직하게 감정을 표현하도록 합니다. 감정의 여백을 두면서 슬픈 감정을 글이나 일기로 써보는 것도 도움이 됩니다.

3. 반려동물을 기억하는 시간을 마련해 봅니다. 반려동물을 기억하고 그리는 것은 자신과 반려동물을 사랑한 가족에게 마감한다는 인식을 줄 수 있습니다. 어린 자녀가 있다면 특히 그 자녀의 마음 상태를 살피며 동물에 대한 이야기를 나누거나 기념할 만한 것(사진첩이나 액자에 넣은 사진 혹은 추억하는 시나 글)을 만들도록 해봅니다. 경우에 따라 휴대 전화, 소셜 미디어 페이지 또는 컴퓨터에 반려동물 사진을 두면 디지털화 되어 저장되어 있는 사진들보다 더 위안이 될 수 있습니다. 혹은 반려동물과 함께한 기념사진과 글을 모아 추억의 편집물을 남기는 것도 반려동물과의 추억을 간직하고 건강한 마무리가 될 수 있습니다.

4. 상실을 이해해줄 위로가 될 사람이나 기관에 도움을 요청해 봅니다. 친구나 친척들과의 연결과 교류는 반려동물을 잃은 후 정서적으로 큰 도움이 될 수 있습니다. 손을 뻗어 지원을 요청하는 것을 주저하거나 수치스럽게 생각하지 않도록 합니다. 본인의 안타까운 심정을 이해해줄 만한 사람에게 단순히 털어놓기만 해도 슬픈 감정이 완화되면서 우울한 기분이 나아질 수 있습니다.

반려동물을 가족과 같은 마음으로 돌보고 함께했던 사람들은 상실의 고통이 너무 커서 이후에 더는 키우지 않겠다는 사람도 많습니다. 상실을 경험하는 것은 반려동물을 키우는 데 있어서 불가피한 부분이긴 하지만 고통에 대처하고, 슬픔을 받아들이고, 상처와 아픔을 긍정적으로 극복하는 노력을 기울이는 것이 중요합니다. 이러한 상실을 먼저 겪었던 사람들의 회복 경험을 듣거나 자신에 맞는 대처 방법을 찾아 적극적으로 시도한다면 반려동물이 되어줄 새로운 대상에게 마음을 열 수 있는 건강한 정서를 회복할 수 있을 것입니다.

# 불시에 닥친 죽음에
# 남겨진 말들

2001년 9월 11일 오전 7시 59분부터 8시 14분 사이에 보스턴에서 비행기 2대와 댈러스와 뉴저지 주에서 각기 1대씩 총 4대의 비행기가 로스앤젤레스와 샌프란시스코로 출발했습니다. 샌프란시스코 행 1대와 로스앤젤레스 행 3대의 비행기는 이륙은 했으나 영원히 착륙하지 못한 비행기가 되었습니다. 이 비행기들은 납치범에 의해 공중 납치를 당해 탑승한 승객과 승무원 266명이 비행기와 함께 15분 만에 죽음을 맞이했기 때문입니다. 또 타고 간 비행기가 그 자체로 치명적인 무기로 바뀌어 뉴욕의 심장부 세계무역센터$^{WTC}$의 타워와 충돌하는 놀라운 광경이 벌어졌습니다. TV에서 그 광경을 본 사람들은 처음에는 영화로 오인하기도 하다가 실제 일어난 사고임을 알고 경악했습니다. 할리우드 영화가 아니고 19년 전 실제 일어났던 사건입니다. 이 사고로 비행기에 탑승했던 사람뿐만이 아니라 세계무역센터에 근무하던 수많은 사람들과 그들을 구조하러 현장에 나갔던 사람들까지 뉴욕시 당국이 밝힌 공식적인 사망자는 2,843명으로 약 3,000명의 무고한 인명이 목숨을 잃었습니다.

비행기가 하늘이 아닌 엉뚱한 방향인 도심 한가운데로 날아들어 가자 승객들은 자신들이 곧 죽을 것을 예감하게 됩니다. 결국 승객들은 그대로 모두 죽음을 맞았지만 관제탑과 비행기 조종사가 나누는 통신망에 실려 승객들이 죽기 직전 시도한 음성 메시지가 남았습니다. 죽음을 바로 코앞에 두고 자신의 소중한 사람에게 핸드폰으로 음성 메시지를 남긴 것입니다. 과연 무슨 이야기들을 남겼을까요?

그들이 사라진 삶에서 앞으로의 경제적 염려, 뒷일

부탁, 자녀 문제, 집 문제, 보험 탈 것, 주식 처분, 재산 처리 등등의 다양한 메시지가 있을 것입니다. 그런데 막상 그들이 남긴 메시지에서 그런 얘기들은 단 한마디도 없었습니다.

그들은 죽음을 앞두고 '나 곧 죽을 것 같아 사랑해', '미안해', '다시 못 볼 것 같은데 고마웠어', '천국에서 만나'와 같은 말들을 마지막으로 남겼습니다. 곧 죽을 것을 안 사람들이 마지막으로 남긴 말들은 바로 간절히 전달하고 싶던 그들의 소중한 마음이었습니다. '미안해. 고마워. 사랑해.'

자신이 곧 죽는다고 생각하면서 나는 어떤 말을 남길까를 생각해보는 것은 나의 실존과 매우 밀접한 관련이 있습니다. 나에게 내일이 허락되지 않으므로 지금 이 순간에 가장 중요한 것을 붙들고 치열하게 살 것이기 때문입니다. 호주 작가가 쓴 〈죽어가는 사람이 하는 5가지 후회-사랑하는 이의 떠남으로 인해 변화된 삶The Top Five Regrets of the Dying - A Life Transformed by the Dearly Departing〉이라는 책이 있습니다. 그녀가 다른 사람들에게 어떤 교훈을 알려주려고 쓴 책으로 생각할 수 있으나 실은 이 책은 그녀 자신의 고백록 같은 것입니다. 그녀는 수년간 여러 가지 직업을 전전하며 많은 일들을 하는 가운데 마침내 진심으로 자신이 해야 할 일을 찾게 되는데 그것은 바로 완화치료사였습니다. 그녀는 수년간 죽음을 앞둔 사람들을 돌보며 그들의 생애의 마지막 3주에서 12주 동안을 함께 보내곤 하였습니다. 또한 사람들이 자신의 죽음에 직면할 때 많이 성장한다는 것을 발견하게 되었습니다. 그래서 그녀는 자신이 아끼던 사람들이 자신에게 표현한 가장 흔한 후회에 대해 인터넷 블로그에 썼고 그러는 가운데 자신의 삶이 변화되었습니다. 그녀는 죽음을 앞둔 이들의 이러한 후회가 얼마나 중요한지 그리고 우리가 아직 시간이 있는 동안 이러한 문제를 어떻게 긍정적으로 해결할 수 있는지 진정성 있는 질문을 던집니다. 그녀의 책에서 5가지 후회 중에 다음과 같은 후회가 나옵니다.

'내 감정을 표현할 용기가 있었으면 좋았을 텐데요. 그렇지 못했습니다.'[29]

자신의 감정을 솔직히 표현하는 것은 용기가 필요합니다. 사랑한다는 말에 머뭇거리고 미안하다는 말에 주저하며 고맙다는 말에 인색하기 쉽습니다.

당신은 죽음을 앞두고 어떤 말을 남기시겠습니까? 그것은 당신이 삶에서 가장 중요시하는 가치이자 진심 어린 마음의 소리일 것입니다. 죽음을 앞두고 후회하지 않으려면 용기가 필요합니다. 브로니가 만난 죽음을 앞둔 사람들처럼 자신이 죽음을 생각하며 자신을 바라보는 것은 나의 삶을 새로운 방향으로 바라보게 해줍니다. 타인에게 나의 마음을 진정성 있게 표현하고 더 친절하게 다가가며 의미 있는 삶을 살겠다는 결심을 하게 될 것입니다.

절대로 잊지 말아야 할 것입니다. 내가 마지막 절박한 순간에 남길 말이 곧 나의 가장 중요한 삶의 주제일 것입니다. 그리고 그 말들은 내게 주어진 시간동안만 할 수 있습니다. 우리는 그 기회를 놓치고 모르고 지나치며 내일로 미루기 쉽습니다. 9.11 사태 때 죽음 앞에서 사랑한다, 미안하다, 고맙다는 말을 남긴 그들도 아침에

집을 나서며 곧 돌아오겠다고 하고 길을 나선 사람들이었습니다. 마치 우리의 매일이 그러하듯이.

# 나의 좋은 죽음,
# 나의 나쁜 죽음

　죽음을 좋다, 나쁘다로 판단하기는 어렵지만 우리는 '좋은 죽음' 혹은 '나쁜 죽음'에 관해 말하곤 합니다. 대부분의 사람들이 말하는 기준일 것입니다. 정말 좋은 죽음이 있는 걸까요? 이미 답을 가지고 있을 수 있습니다. 건강한 삶을 살고 어느 날 고통 없이 잠들 듯이 죽음을 맞는 것이라고요.

　과연 그것이 좋은 죽음일까요? 어느 누가 죽음을 좋거나 나쁘다고 판단할 수 있을까요? 사람들은 좋은 죽음에 대해 고정된 사회적 개념을 주장하기 쉽습니다. 그리고 그 고정된 개념을 자신에게도 그대로 적용하기 쉽습니다. 그러나 실상 좋은 죽음에 대해서 개인과 사회의 생각이 반드시 같은 견해를 보이는 것은 아닙니다. 의사와 환자도 마찬가지입니다. 가족 간에도 두말할 것 없이 다를 것입니다.

하지만 대부분의 우리 주변 사람들은 몸과 마음과 영혼이 편안하며, 건강하고, 풍요롭고, 자유로운 상태에서의 죽음을 떠올리기 쉽습니다. 그러나 '고통 없이 건강하게'라는 공통분모를 벗어나면 좋은 죽음의 정의는 개개인마다 달라집니다.

오랫동안 다른 사람을 돕거나 사회의 중요한 가치를 달성하기 위해 기꺼이 목숨을 희생하는 것이 찬사를 받는 좋은 죽음으로 꼽히기도 합니다. 예를 들면 가깝게는 2001년 일본 도쿄 신오쿠보 역에서 취객을 구조하고 자신의 목숨을 희생한 사람이 있습니다. 그 사람은 바로 선로에 추락한 일본인을 구해 의인으로 불리는 故이수현 씨입니다. 아마도 많은 사람으로부터 추모 받는 죽음의 경우일 것입니다. 멀리 가볼까요? 인간의 죄를 대속하기 위해 자신을 희생해 십자가상의 죽음을 택한 예

수(기원전 4-기원후 30년)의 경우도 그러합니다. 제자들과 성도들이 신앙을 지키고 부활과 내세를 믿도록 믿음의 길을 보여주기 위해 죽음을 받아들였습니다. 그 죽음을 통해 구원과 믿음이 전파되는 계기가 마련되었습니다. 그리스 철학자 소크라테스(기원전 470-399년)의 죽음도 그러한 예입니다. 탈출이 가능해 죽음을 피할 수 있었지만 그는 그 당시 '악법도 법이다'라고 하며 아테네 법을 지키고자 죽음을 택했습니다. 제자와 추종자들에게 가르침을 주기 위한 죽음이었습니다.

이렇게 추모 받는 죽음 외에 개인의 죽음은 늘 자신의 삶과 함께 생각되어야 합니다. 죽음은 삶과 무관한 변인이 아니기 때문입니다. 죽음은 단지 삶을 마무리하는 것으로 생각하기 쉽지만 삶의 과정 안에 있는 단계이며 삶의 결과입니다. 그래서 '과정process'과 '결과result'의 단계로 나누어보는 것이 합리적입니다. 삶을 통해 '죽음을 향해가는 과정'과 '죽음의 과정을 마무리하는 사건인 결과'라고 생각한다면 삶의 여정에서 죽음을 이해하기는 쉬워집니다. 좋은 죽음이란 삶에서 죽음을 향해가는 과정동안 자신이 가치 있게 여기는 것을 행하며 사는 것이 될 것이며 그것이 바로 자신의 좋은 죽음의 정의가 될 것입니다. 개인의 좋은 죽음을 아는 가장 확실한 방법은 그들이 살고 있는 과정과 그들의 임종 사건인 결과로 물어보는 것입니다.

근거가 될 만한 연구가 있습니다. 1988년에 실시된 미 전국 호스피스 시범 연구에서 암으로 죽어가는 사람들에게 그들 삶의 마지막 3일을 어떻게 맞이하고 싶은지 인터뷰한 것입니다. 그들이 밝힌 좋은 죽음은 다음과 같습니다.[30]


- 나는 특정한 사람들(가깝고 의미 있는 사람들: 저자 설명)이 나와 함께 있기를 바랍니다.
- 나는 어떤 일을 할 수 있도록 신체적 기능이 가능하기를 원합니다.
- 나는 평화를 느끼고 싶습니다.
- 나는 고통에서 벗어나고 싶습니다.
- 나는 내 인생의 마지막 3일이 내가 누린 다른 날들과 같기를 바랍니다.

이들이 제시한 견해에 많은 부분 공감할 것입니다. 그러나 이것은 죽음을 결과로만 생각한 것이라 과정으로서의 죽음이 생략되어 있습니다. 죽음을 과정으로서 묘사한 사람 중에 대표적으로 스티브 잡스<sup>Steve Jobs</sup>를 말할 수 있습니다. 애플의 창시자이자 CEO로 1970-80년대 개인용 컴퓨터에 일대 혁명을 일으킨 선구자입니다. 그는 결국 췌장암으로 죽음을 맞이했지만 한때는 암을 극복하고자 노력했고 호전된 때가 있었습니다. 그때 스탠포드 대학의 2005년 6월 졸업식 연설에서 다음과 같은 이야기를 했습니다.

"내가 17세였을 때 본 인용문이 있습니다. '매일 매일을 마지막 날처럼 산다면 언젠가 당신 삶이 확실히 옳았다는 것을 알게 된다.' 그 문구가 인상적이어서 나는 지난 33년간 매일 아침 거울을 보며 내게 물었습니다. 오늘이 내 생애 마지막 날이라면 내가 오늘 하고자 한 일을 하길 원하는가? 계속 여러 날 동안 'No'라면 나는 내 삶을 바꾸어야 할 필요가 있다는 걸 알았습니다."[31] 그리고 그는 자신이 곧 죽게 된다는 생각이야말로 인생의 중요한 결정을 하는 데 있어 중요한 도구였다고 고백합니다. 그러면서 그가 죽음과 삶의 과정에 던진 인생 조언이 있었습니다.

'Stay Hungry. Stay Foolish.
갈망하며 살라. 우직하게 살라.'[32]

당신에게 좋은 죽음은 무엇입니까? 당신의 삶과 죽음의 과정에 어떤 조언을 던지시겠습니까? 좋은 죽음에 대한 비전은 어떤 환상이나 기적에 의존하지 않습니다. 매일 평범한 듯 살고 있는 나의 삶에서의 과정이며 임종 사건으로 좋은 죽음을 맞을 수 있는 기회도 내 현실에 놓여 있습니다. 사회는 바뀌고 좋은 삶과 좋은 죽음의 개념을 재구성하고 있지만 내가 마지막 숨을 쉴 때까지 삶을 위해 치열하게 애쓴 과정과 결과가 나의 임종 사건인 죽음입니다. 만약 내가 살아가는 하루하루의 삶이 내 스스로 보기에 마땅치 않다면, 그리고 이렇게 살면 안 되겠다는 생각이 드는 채로 계속 살아간다면 나의 임종 시 나의 죽음은 나쁜 죽음이 될 가능성이 큽니다.

그래서 '나의 좋은 죽음'과 '나의 나쁜 죽음'은 하루
하루 살아가는 나의 현재 삶의 모습에 이미 나타나고 있
으며 무엇보다 나의 선택과 결단에 따라 그 모습이 달
라질 것입니다.

# 고귀한 정신, 호스피스

나의 가족이나 혹은 주변에서 임종을 앞 둔 환자가 있을 때 어떤 돌봄을 원하시나요? 혹은 그 사람이 나라면 어떤 돌봄을 받고 싶으신가요? 아마도 모두 입을 보아 따뜻하고 인간적인 돌봄과 치료를 받고 싶다고 할 것입니다. 그런 돌봄의 개념을 지닌 것이 호스피스Hospice입니다. 현재이 시간에도 현장에서 현실적인 어려움에도 그 개념을 그대로 실천하기 위해 여러 의료진과 호스피스 자원봉사자들이 노력을 많이 합니다. 그래서 전 세대에는 없던 개념이지만 많이 알려져서 임종 환자를 따뜻하고 편안하게 돌보는 것으로 이해를 합니다. 어떤 경우는 호스피스를 완화 치료와 동일의미로 생각하기도 합니다. 그러나 호스피스와 완화 치료Palliative Care는 다릅니다. 다만 임종 환자의 경우에, 이 두 가지를 동시에 같이 받게 되어 같은 의미로 쓰이는 것입니다.

호스피스hospice는 라틴어 hospes에서 유래되었습니다. hospes는 처음에는 '낯선 사람stranger'을 의미했으나 추후 '주인host'을 뜻하는 의미가 되었습니다. 낯선 사람을 환대한다는 의미 'hospitlais'에서 환대hospitality가 나와 오늘날 하스피탈 병원이나 호스텔, 호스피스 등의 여러 단어가 사용되게 된 것입니다. '호스피스 운동The Hospice Movement'을 저술한 캐시 시볼드Cathy Siebold가 1090년 십자군 원정에서 십자군을 치료한 것을 호스피스 역사의 이정표로 삼는 것처럼 또 14세기에는 병들고 죽어가는 사람을 돌보는 체계나 시설의 의미였습니다.

현재 호스피스는 치료 효과를 기대하기 어려운 불치병의 마지막 단계의 환자에게 제공되는 환자 중심의 인도적인 돌봄 간호를 뜻합니다. 임종 환자의 통증 및 증상 조절과 함께 가족적, 정서적, 영적 지원을 제공함으로써 생애의 마지막을 최대한 편안하게 보낼 수 있도록 돕기 위한 것입니다. 즉, 부자연스러운 연명의료를 하지 않고 죽음을 받아들이고 죽음을 미루거나 재촉하지 않으며 편안한 마음 상태로 마지막을 준비하도록 임종 환자와 가족을 돕는 것이지요.

지금의 호스피스 개념이 등장한 것은 1900년대 중반입니다. 이 무렵 서양 의학에서 전문화와 새로운 치료법이 확산되므로 치료 및 재활에 대한 강조가 증가했고 그와 동시에 집이 아닌 병원에서의 죽음을 맞는 것이 표준이 되었습니다. 그래서 환자의 죽음은 의료 행위의 실패로 간주되었던 것입니다. 이 시기에 영국의 간호사이자 의사였던 시슬리 손더스Cicely Saunders는 환자로부터 환자의 질병과 고통에 대한 이야기를 주의 깊게 들음으로써 '총체적 고통total pain'이라는 개념을 발전 시켰습니다. 환자 고통을 줄이는 데 있어 단지 신체적 고통을 줄이는 물리적 측면 뿐 아니라 정신학적, 영적 측면의 돌봄이 필요하다는 것을 발견한 것입니다.

시슬리 손더스와 아울러 퀴블로 로스 역시 이 무렵에 임종 환자와의 대화를 통해 죽음을 앞 둔 환자의 존엄성을 고려한 돌봄을 주장했습니다. 말기 치료에 있어 환자 위주의 편안함과 돌봄에 초점을 둔 현대적인 호스피스 철학을 세워진 것입니다. 1967년 시슬리 손더스가 임종 환자를 돌보는 성 크리스토퍼 호스피스St. Christopher's Hospice를 설립한 이래로 현대 호스피스운동이 현저하게 발전되어 왔습니다. 근래 호스피스 간호는 병원, 장기 치료 시설 또는 입원 환자 호스피스 센터에서 이루어지고 있지만 가정이야말로 호스피스가 이루어지는 최적의 장소라는 개념이 있어 환자와 환자 가족이 준비가 되면 재택 간호로 돌아 갈 수 있습니다.

호스피스가 임종 환자의 편안함과 돌봄을 고려한 데에서 비롯되었다면 이에 비해 완화 치료는 치료에 좀 더 치료에 방점이 있습니다. 세계보건기구WHO의 정의에 따르면 완화 치료는 통증을 포함한 고통을 줄이고자 하는 '사람 중심의 통합적 의료 서비스Integrated, People-Centered Health Services :IPCHS'입니다. 사람의 신체적, 심리적, 사회적, 영적 고통을 덜어주는 치료이므로 일반적으로 생각하듯이 고령의 암 치료만이 아니라 극심한 조산 또는 노년기 극심한 허약 등 심각한 질병의 모든 단계에서 완화 의료서비스가 이루어질 수 있습니다. 완화치료는 통증완화와 통증 제거에 초점이 있으므로 말기 치료 시 생애 마지막을 전인격적으로 편안히 보낼 수 있도록 돕는 호스피스 개념과는 다릅니다. 잘 모르는 사람이 많지만 우리나라는 10월 둘째 주 토요일을 '호스피스의 날'로 정하고 있습니다. 병들고 어려운 사람의 돌봄에서 출발하여, 임종 환자가 존엄하고 편안한 생애 말기를 보내도록 돌보는 '호스피스의 정신'이 더 잘 알려지는 계기가 되길 바랍니다. 무엇보다도 기억해야 할 것은 임종 환자의 이야기에 귀 기울이며 관심과 사랑으로 돌본 사람들이 있어 오늘 날과 같은 인간중심적인 호스피스 돌봄이 가능해졌다는 것입니다. 지금은 당연하다고 여기는 것들이 누군가의 꾸준한 관심과 실행으로 이루어졌다는 것을 알고 나면, 병원이나 요양원이나 가정이나 어디에서든 임종 환자를 돌보는 분들에 대한 마음의 매무새가 새로워집니다.

# Part 2.
## 디지털 시대, 불멸의 싸나톨로지

# 인공지능은
# 삶과 죽음에 대해 어떻게 말할까?

    인간의 삶이 유한하다는 인식은 인간의 삶 전반에 영향을 미칩니다. 삶의 유한성을 인식하고 인간의 노화와 죽음에 대해 인식하는 것은 인간의 문명에 많은 영향을 줍니다. 따라서 인공지능 기술의 개발에 대한 낙관론이 대세인 오늘날, 앞으로 다가올 생물학적이고 기계가 결합된 하이브리드 시대가 노화와 죽음에 어떤 영향을 미치게 될지를 살펴보는 것은 매우 의미 있는 일입니다.

    2015년 구글에서 개발한 대화형 인공지능인 챗봇

Chatbot* [33]은 음성이나 문자를 사용하여 인간과 대화를 통하여 사람이 행하는 특정한 작업을 수행하도록 만들어진 컴퓨터 프로그램입니다. 이 챗봇을 이용하여 인간도 대답하기 어려워하는 도덕성, 철학, 삶의 의미에 대한 흥미로운 답변을 제시했던 적이 있습니다.

즉, 구글 연구원인 비냘과 레<sup>Vinyals&Le</sup>는 자신들이 개발한 대화형 인공지능인 챗봇으로 하여금 6,200만 개의 문장이 들어 있는 영화에 나오는 대사로 된 말뭉치에 포함된 문장을 학습시켰습니다. 그 뒤에 이 챗봇에게 도덕적이고 철학적인 아래와 같은 질문을 던져 보았습니다. [34]

**인간:** 삶의 목적은 무엇인가?
**챗봇:** 더 큰 선(善)에 봉사하기 위하여.

**인간:** 살아야 할 이유는 무엇인가?
**챗봇:** 영원히 살기 위하여.

**인간:** 죽음의 목적은 무엇인가?

*
챗봇(Chatbot)은 음성이나 문자를 사용하여 인간과 대화하는 방식을 통해서 특정한 작업을 수행하도록 제작된 컴퓨터 프로그램을 말한다.

**챗봇:** 삶을 살기 위하여.

**인간:** 존재의 목적은 무엇인가?

**챗봇:** 지구에 도착했을 때 무슨 일이 일어나는지를 알기 위
하여.


이 챗봇이 자연스럽게 대화를 이어가거나 질문에
대해 상식적이고 정확한 답을 하지는 못 했다 해도 비교
적 삶의 의미를 이해하고 존재에 대한 관점도 이해하고
있음을 알 수 있습니다.[35]

그러나 여기에서 인공지능은 단지 주어진 데이터
에 기초하여 물음에 답을 제공한다는 것뿐입니다. 만일
챗봇에게 제공된 데이터가 죽음학에 대한 알고리즘으
로 데이터화되어 있다면 아마도 '삶을 더 의미 있게 살
아간 사람들의 이야기'를 사용해 철학적으로 죽음학이
바라보는 삶과 죽음에 관한 응대가 가능했을 것입니다.

이처럼 데이터를 기반으로 학습하는 인공지능을 이
용한다면 당신의 사후에도 마치 당신이 현재 살아 있는
것처럼 어떤 질문에 답할 수도 있을 것입니다. 싸나톨로
지의 영역이 인공지능과 결합된다면 '죽을 수 있는 권리'

의 영역이 디지털 영역으로 확장될 수 있기 때문에 이에 대한 사회적, 윤리적, 철학적 논의가 필요하게 됩니다. 인공지능 기반 챗봇을 통하여 죽은 자가 살아있는 것처럼 말하게 되고 상호작용하는 것이 가능해졌기 때문입니다.[36]

우리가 익숙하게 알고 있는 아마존의 알렉사Alexa 인공지능 스피커나 애플의 시리Siri를 이용하면 자기 자신이 남긴 디지털 정보를 바탕으로 자신의 다른 형태의 디지털 버전인 챗봇을 만들 수 있게 됩니다. MIT 미디어 랩의 예측에 따르면 개인이 각각의 챗봇을 만들려면 약 1조 기가바이트의 개인 데이터가 필요하다고 합니다. 앞으로 약 2070년 정도면 이런 데이터를 모을 수 있는 기술이 충분히 발전할 것으로 예측되므로 사망 후에는 자신의 디지털 버전을 남길 수 있게 됩니다. 그래서 디지털 내세來世라는 영역에서 디지털 버전이 여전히 살아 있는 사람들과 교류하게 되면 사별과 죽음이라는 개념은 전통적인 싸나톨로지와는 사뭇 다를 수도 있을 것입니다.

이미 몇몇 벤처 기업들에서는 이런 이론에 따라 앞으로의 죽음과 장례식 산업에 변화가 오게 될 것으로 예측하고 있습니다.[37] 당신이 죽은 후에 디지털 아바타의 형태로 다시 살아나 페이스북이나 카톡과 같은 SNS를 통해 대화에 참여하거나 지난날의 추억을 바탕으로 가상공간에서 살아 있는 것처럼 활동할 날도 머잖아 보입니다. 당신이 원하든 원하지 않든 조만간 이런 아바타가 죽은 사람을 대신해 '디지털 내세'를 살며 '인간의 죽을 수 있는 권리'가 유보되는 그런 경험이 일상화 될 수도 있을 것입니다.

'죽음이 환상이 되는 시대'에 당신은 어떤 대비를 하시겠습니까?

# 디지털 상에서 죽지 않는 존재

'보조적인 불멸assisted immortality'*이라 함은 인터넷이나 사회 관계망 서비스 SNS에 있는 개인의 사진, 글과 같은 데이터 정보를 바탕으로 정보를 남긴 사람을 모사模寫한 것입니다. 그것이 사람처럼 보이도록 하기 위하여 주로 아바타avatar 형태로 재현하는데[38], 이는 제임스 카메론James Cameron 감독이 만든 영화 '아바타'를 통해 생생하게 알려진 적이 있습니다. 원래 아바타의 의미는 '하늘에서 내려온 자'로, 하늘에서 땅으로 내려온 신의 또 다른 분신을 의미한다고 합니다. 영

*
'보조적인 불멸Assisted Immortality'이라 함은 인터넷이나 소셜 미디어에 있는 개인의 정보를 바탕으로 특정인과 유사한 반응을 보일 수 있는 아바타와 같은 존재를 통하여 죽은 자가 계속하여 살아 있는 것처럼 보이게 하는 것을 말한다.

화 '아바타'에서도 제이크라는 사람을 아바타와 연결시켜 나비족에게 보내는 스토리가 있습니다. 이같이 인간의 분신을 만들기 위하여 개인이 남긴 디지털 데이터와 같은 디지털 정보를 이용하면 특정인의 성격이나 말씨까지 흉내 낼 수 있습니다. 최신 인공지능에서는 감정까지도 표현하게 합니다만 이러한 아바타는 아직까지 디지털 형태 즉, 인터넷과 컴퓨터상에서 동작하도록 만들어져 있습니다.

그렇다면 사람들이 페이스북이나 인스타그램 등의 자료를 사용하여 특정인의 성격도 재현해낼 수 있을까요? 우리는 글이나, 말, 또는 사진 등을 통하여 자기가 좋아하는 것, 싫어하는 것, 가지고 싶은 것 등등 마음을 표현합니다. 직접적으로 말이나 글로 표현된 것도 있지만 은연중에 남기는 여러 가지 자료는 자신만이 가진 '특별한 개성'의 흔적이기도 합니다. 이와 같은 자료를 이용하여 사람의 인격적인 특성을 추출할 수 있는 인공지능 기술이 개발되고 있습니다.

독일 포츠담 대학에서는 페이스북의 '좋아요' 메타데이터를 이용하여 개인의 인격을 자동적으로 예측해

주는 머신러닝을 개발했다고 합니다. 인간의 행동을 디지털로 기록하게 되면 이 자료들을 통해 개인적인 특성과 속성을 예측할 수 있다는 것입니다. 성격은 개인을 독특하게 만드는 행동, 특성, 동기, 감정의 조합입니다.[39]

　사람의 성격은 일상생활에 큰 영향을 미치고 삶의 선택과 다른 많은 선호도에 영향을 미칩니다. 인격의 주요한 5가지 특성 외향성, 친근함, 개방성, 성실성, 신경증은 평생 동안 비교적 안정적으로 유지된다고 연구되어 왔습니다. 이러한 5가지 특성에 대한 개인의 정도를 표현한 데이터를 얻으면 수많은 사람들이 보여주는 데이터와 비교하여 특정인의 인격적 특성을 찾아낼 수 있습니다. 최신 인공지능 기술인 머신러닝 알고리즘은 많은 데이터를 이용하여 정확하게 여러 가지 특성을 예측해낼 수 있습니다. 따라서 개인의 특성이 결정된다면 비록 그 사람이 현실 세계에는 살고 있지 않아도 지금 벌어지는 여러 일들에 대해서 생전에 반응했을 것 같은 행동을 만들어낼 수 있게 되고 이것을 그 사람의 아바타와 연결시키면 '마치 그 사람이 현재 이곳에 살고 있는 것처럼 반응할 수 있게 하는 것'입니다.

이 같은 기술들을 성취할 수 있도록 사용자 추천 및 미디어 상호 작용을 비롯한 많은 고객 서비스가 이미 SNS에서 제공되고 있습니다. 일반적으로 사용자의 선호도를 고려하여 개인에게 맞춘 정보로서 예를 들면 특정 물건을 온라인에서 구매하면 그와 관련된 관심이 있어 보일 만한 상품들이 추천됩니다. 마찬가지로 유튜브 동영상을 시청할 때 구독자가 마음에 들어할 만한 유사 콘텐츠가 사이트 상위에 나열되는 것도 같은 방법을 이용한 것입니다.

좀 다른 의미이긴 하지만 미래학자 이언 피어슨<sup>Ian Pearson</sup>은 2050년에는 인간이 컴퓨터에 자신을 저장함으로써 일종의 '가상 불멸<sup>virtual immortality</sup>'을 달성할 수 있을 것이라고 예측합니다. 이는 사람의 성격을 컴퓨터로 옮겨 미래의 사람들과 소통할 수 있다는 것을 의미합니다. 결과적으로 어떤 사람이 죽은 후에도 디지털 버전이 된 아바타의 형태가 컴퓨터에 계속 남는다는 것을 의미합니다. 그렇게 되면 디지털 사후 세계를 사는 '그 사람'은 계속 학습하여 성장할 수도 있을 것이고 또는 과거의 데이터 상태에 머무르게 되는 정적인 상태를 유지할 수도 있습니다. 결국 어떻게 프로그래밍 하느냐에 달려 있겠지만 어쨌든 디지털 세계에서 계속하여 살고 있는 상태, 즉 불멸성을 유지하는 것이 되겠습니다.

일반적으로 죽음의 순간에 사람들은 자신이 다른 사람들에게 기억되기를 희망한다고 합니다. 따라서 자신이 다른 사람들에게 어떻게 기억될 것인가 하는 질문을 가질 수 있습니다. 자신의 묘비명에 어떻게 기록될 것인지 그리고 자신의 장례에 참석하는 사람들에게 기억되는 자신은 매우 중요한 의미를 지닙니다.

한 개인이 죽음이라는 과정을 거쳐 이 세상을 떠난 후에도 자신이 기억될 것이라는 희망은 기본적이고 보편적입니다. 그 자신을 누군가 기억해주는 동안에는 그 사람이 이 세상을 떠났다 하더라도 그는 여전히 이 세상에서 불멸한 상태로 있는 것과 같습니다.

인간은 원시 시대에서부터 동굴 벽에 대개는 무엇인가로 긁어서 그림으로 표현한 그런 벽화로부터 시작해, 사라지는 기억을 영구히 남기기 위하여 노력했습니다.

구전 역사, 일기, 회고록, 사진, 영화, 시 등과 같은 인류의 과거 시간상에서 사라져 가는 기억을 붙잡으려는 중요한 도구들이 있습니다. 그리고 현재는 인류의 기억을 온라인에 저장합니다. 그러한 서버들은 깊은 바다 어딘가에서 열을 식히기 위한 시설을 갖추고 작동하고 있을 것입니다. 이러한 온라인 세계 덕분에 우리는 가장 중요한 삶의 기록을 Facebook 타임 라인, Instagram 계정, 편지를 주고받는 Gmail, 그리고 우리가 어떻게 움직이고, 말하고, 노래하는지 방송하는 YouTube 등을 통하여 개인의 일상이 기록된 데이터를 사용하여 누군가를 기억할 수 있습니다.

역사 이래로 우리는 그 어느 때보다 철저하게 기억을 수집하고 재배치하는 과정을 통하여 우리가 기억하는 어떤 사람에 관한 일종의 불멸성-계속 기억되는 것-을 제공하고 있는 셈입니다. 그리고 그러한 데이터들은 우리가 이 땅을 떠난 뒤에도 영원히 존재할 것이고 누군가-가족이나 친구들, 그리고 알지 못하는 누군가에게 기억될 것입니다.

그 불멸성은 존엄하고도 편안한 죽음 맞이를 인식

하는 싸나톨로지의 필멸성과는 동과 서처럼 멀고 다릅니다. 아무튼 그 불멸성이 비록 이 세상에서 다른 사람과 상호작용하며 누리는 불멸성은 아니라 하더라도 누군가에게 기억될 수 있고 영원한 기억의 대상이 될 수 있는 길이 열린 것입니다. 인터넷을 이용하여 몇몇 회사에서는 이미 이런 서비스를 제공합니다. Eterni.me라는 회사에서 제공하는 서비스 이름은 '간단히 불멸해지는 길Simply Become Immortal'입니다.

이 회사 시스템에서는 회원들에게 나중에 죽은 사람의 마음을 재구성해서 제공하는 서비스 공급까지 생각하고 있습니다. 예를 들면 이메일이나 카톡과 같은 소셜 미디어를 사용하거나 사소한 디지털 흔적을 이용하여 죽은 사람의 마음을 재구성하고 아직 그 사람이 살아 있다면 생애 동안 할 수 있는 모든 생각, 이야기 및 기억으로 마인드를 재구성하게 됩니다. 데이터가 더 많이 모일수록 점점 더 특정 인간처럼 되도록 하면서 아바타에 의해 처리되고 큐레이팅 하게 하면 향후 30~40년 동안 디지털 클론에 자신의 마음이 업로드 되어 저장되는 것과 같은 결과를 낳게 될 수 있겠지요. 마치 디지털 전기 작가에게 자신의 전기를 쓰도록 하려고 온갖 이야기들을 털어 놓음으로 효과적으로 자신의 생각이 그 작가에게서 발현되게 하는 원리를 디지털 형태로 구현한 서비스입니다.

이 회사는 2014년에 이 서비스를 알렸는데 당시는 30~40대 대상의 고객을 생각했었다고 합니다. 그런데 관계자들이 받은 수천 건 중 몇 건의 이메일에는 암, 백혈병, 알츠하이머, 기타 심각한 불치병 환자가 보낸 것들이 있었습니다. 그들은 모두 가능한 한 빨리 Eterni.me 계정을 원했고 무엇이든 기꺼이 지불하고자 했습니다. 비록 이것이 MIT에서 개설한 기업가 양성 프로그램을 수강한 사람들에 의하여 이루어진 실험적인 것에서 출발했음에도 불구하고 이 같은 사람들의 반응은 불멸에 대한 인간의 깊은 관심과 수요가 있음을 보여줍니다.

Eterni.me는 일종의 디지털 전기 작가로서 사람들이 남기는 디지털 데이터를 모아서 그 사람의 인격에 근접한 데이터를 만들어낼 수 있도록 개발된 프로그램입니다. 이 프로그램을 특정인의 얼굴이나 신체 구조를 컴퓨터상에서 구현한 아바타와 연결시키면 그 특정인은 영구히 이 세상에서 존재하는 것이지요. 앞에서 말한 로만 마주렌코<sup>Roman Mazurenko</sup>도 유사한 개념을 재탄생한 마주렌코의 가상인물, 즉 아바타인 것입니다. 여기에 발전하는 인공지능 기술을 이용하여 생전에 남긴 데이터가 많으면 많을수록 특정인의 모습이나 인격을 더 잘 표현할 수 있을 것입니다. 결국은 필멸의 삶에서 나의 모습의 연장이므로 삶을 더 잘 살아내야 하는 명제가 주어진 것입니다.

# 생의 마지막을 알아내는
# 인공지능

만약 당신의 생애 마지막 일주일을 알 수 있다면 도움이 될까요? 생의 마지막을 돌보는 호스피스들이 갖는 어려움은 자신들이 돌보는 환자와 마지막까지 있어주기를 희망합니다만 실제로는 언제가 그 시기일지 모른다는 것입니다. 가족들도 마찬가지입니다. 임종 시점이 가까워 오고 있다는 것을 알 수 있다면 멀리 있는 자녀들을 미리 불러 임종을 지키게 할 수도 있겠지요. 또 이와 달리 아직 임종 시점이 아니지만 환자가 보이는 증상들에 서둘러 가족이나 친지들의 만남을 주선할 수도 있을 것입니다.

미국에서는 호스피스 병동에 입원했던 환자들의 전자의료기록EMR을 바탕으로 환자들의 임종까지 마지막 일주일을 예측하는 인공지능 기반 프로그램을 개발하였습니다.[40]

그들은 그 시기에 보이는 환자들의 일부 요인으로 식욕 부진, 졸음, 무기력, 전체 증상 부담등과 같은 개별 환자 데이터를 이용하여 생의 마지막 일주일을 예측하게 했습니다. 그 정확도는 97%라고 하는데 이 정도면 환자의 남은 일주일을 매우 정확하게 예측하는 것이 가능함을 보여줍니다.

환자와 가족은 마지막 순간이 가까워짐에 따라 더 강력한 수준의 서비스를 필요로 하는 경향이 있습니다. 퀴블러 로스가 '그 시대상을 반영하여 죽음을 맞이함에 있어 인간의 존엄성'을 강조했다면 지금 이 시대는 AI가 거대한 지진처럼 몰려오고 있어 죽음에 대해 예측하고 준비하고 대비하지 않는다면 또 다른 의미에서 비인격적인 죽음으로 내몰릴 가능성이 큽니다. 그런 점에서는 인공지능을 통해 환자의 사망 시기를 예측하는 것은 의미가 있는 일입니다.

　각 사람마다 죽음의 여정은 독특합니다. 어떤 사람들은 매우 점진적으로 약해지기도 하고, 어떤 사람은 더 빨리 쇠약해지기도 합니다. 이러한 이유로 죽음이 다가오는 사람에게 곁을 지켜주는 사람의 역할은 함께해주고 위로를 제공하고 부드러운 말과 행동으로 그들을 안심시키는 것입니다. 환자가 6개월 이내에 사망할 가능성이 있다면 그 환자를 위한 보다 전문적인 치료인 호스피스로 전환할 것을 권장합니다. 호스피스 병동에서는 통증 완화와 위안을 통한 치료를 계속 받을 수 있고 호스피스는 환자와 가족들에게도 제공합니다. 그런 점에서 환자의 임종 시기를 정확하게 예측할 수 있다는 것은 환자나 가족에게 모두 준비의 시간을 가질 수 있는 여유를 준다는 점에서 인공지능의 혜택이라고 할 수 있을 것입니다.

　분명히 기계에 의한 예측이 가져올 혜택으로는 의료 오류의 비율을 줄이고 임상 의사가 쉽게 이해할 수 있는 의료 지식 데이터베이스를 가능하게 함으로 보다 정확하고 예측 가능한 의료 서비스를 제공할 수 있게 합니다. 문제는 인공지능이 데이터를 통해 학습하고 예측할 때 왜 그렇게 판단하는 지에 대한 이유를 말해주지 않는다는 것입니다. 임종을 앞둔 사람이나 가족의 입장에서는 기계가 '당신의 수명은 언제까지입니다.'라고 말할 때 많이 당황스러울 것입니다. 그런 점에서 인공지능 기반의 수명 진단 기능은 의료진의 결정을 돕는 도구로 활용하는 보조적 기능일 필요가 있습니다. 인간적으로 의료진에게 임종 시점을 듣는 것과 단지 사실만 건조하게 인공지능인 기계가 알려주는 임종 시점의 차이는 매우 크기 때문입니다.

# 싸나테크놀러지,
# 죽음과 기술의 결합

    2007년 버지니아 공대의 참극에 희생된 사람들의
유족들은 페이스북에 총격으로 사망한 주로 젊은 사람
들을 '죽었으나 살아 있도록 남겨질 수 있는 방법'을 요
청했습니다. 이에 따라 페이스북은 희생자들의 계정을
폐쇄하기보다 '기념할 수 있도록' 하는 조치를 취함으로
써 희생자들을 추념하는 글을 댓글로 작성할 수 있도록
하였습니다. 페이스북의 즉각적인 대응처럼 오늘날에는
고인을 추념하는 목적으로 만들어진 소셜 미디어 웹사
이트들의 기능을 통해 더 많은 사람들이 공개적으로 애

도를 표현할 수 있게 되었습니다.

디지털 싸나테크놀로지<sup>digital thanatechnology</sup>는 1997년 칼라 소프카<sup>Carla Sofka</sup>가 만든 용어로 죽음을 연구하는 싸나토롤지<sup>thanatology</sup>와 기술의 테크놀로지<sup>technology</sup>를 합성한 단어로서 죽음과 관련된 기술의 이용을 말합니다. 그는 2012년에 편집자로서 〈온라인 세계에서의 죽어감, 죽음과 비탄〉이라는 책을 통하여 현대 통신 기술<sup>ICT</sup>이 죽어감이나 죽음 및 상실에 대한 사회적 관행과 견해에 어떤 혁명적 변화를 일으켰는지를 말하고 있습니다.

특이할 만한 것은 보통 피하고 싶어 하고 터부시하는 '죽음'이나 '죽는' 것에 관한 주제가 인터넷, 트위터, 페이스북, skype 및 유튜브를 통해 가정이나 심지어 컴퓨터 스크린 상으로 들어왔다는 것입니다.

페이스북이나 카톡과 같은 플랫폼들은 임종 기간에 이루어지는 의사소통을 데이터화 할 수 있게 합니다. 이에 더하여 싸나테크놀로지를 사용함에 따라 카스텐 바움과 아이젠버그<sup>Aisenberg</sup>는 전통적인 죽음 시스템에 근본적인 변화를 가져오고 있다고 주장합니다. 동문이나 지인들로 구성된 카톡방에 지인의 친척이 고인이 된

---

싸나톨로지 *Thanatology* ★ 싸나테크놀러지, 죽음과 기술의 결합

소식이 뜨면 어떤 사람들은 '삼가 조의를 표합니다.'라는 메시지를 띄웁니다. 참가자가 많은 방이라면 몇 번의 화면이 스크롤 될 정도로 사람들은 고인과 고인의 유족, 카톡 사용자에게 어떻게든 상실의 위로와 조문을 하고자 하는 것입니다. 그 중에서도 고인이나 남겨진 유족과 더 가깝다고 생각하는 사람들은 직접 상가를 방문하는 방법으로 애도를 표하기도 합니다. 사실 카톡을 통한 공지는 '고인이 죽음을 맞이하셨다'라는 사실을 회원들에게 알리고자 하는 목적으로 시작되었겠지만 여러 가지 이유로 고인의 유족을 찾지 못하는 사람들은 카톡을 통하여 간접적으로라도 애도를 하고 있는 것입니다. 상가나 장례식장을 방문하여 조문을 하고 애도하는 것이 카스텐바움이 말하는 전통적인 죽음에 대한 애도일 수 있지만 현대 ICT 문명은 이 같은 방법이 변화할 수 있음을 보여주고 있습니다.

이러한 변화의 원인은 인간 사이의 상호작용 방법이 디지털과 인공지능 기술의 발전에 따라 빠르게 변화하기 때문에 일어나는 일입니다. 빠르게 발전한 디지털 컴퓨터 시스템과 인터넷은 지난 몇 세기 동안 함께 발전한 아날로그 시스템과 비교할 때 가장 중요한 방식으로 인간 상호 작용을 변경합니다. 오늘날 스마트폰의 앱과 인터넷을 통하여 인간이 서로 통신하는 방식의 변화는 장점과 단점이 공존합니다. 인터넷과 스마트폰의 화상회의를 통하여 사랑하는 사람들이 어디에서나 밀접하게 접촉할 수 있게 되었습니다. 사람들이 물리적으로 멀리 떨어져 있을 때 사랑하는 사람과 디지털 방식으로 더 가까이 머무르는 것이 그 어느 때보다 쉬워졌습니다. 스카이프, 페이스타임FaceTime, 페이스북 메신저를 이용한 통화, 왓츠앱WhatsApp 통화 등은 모두 사람들이 인터넷을 글로벌 소통을 위한 플랫폼으로 활용할 수 있는 강력한 기능을 제공합니다. 또한 소셜 미디어, 포럼, 대화형 웹 2.0을 통해 전 세계 사람들이 디지털 매체를 통해 연결하고, 만나고, 배우고, 함께 성장할 수 있게 되었습니다. 이와 같은 기술적 변화에 따른 사람 사이의 상호작용 변화가 기존의 죽음학이 가져왔던 애도나 슬픔을 표현하는 방법이나 통로 또는 고인을 잃은 사람을 위로하는 방식에도 변화를 가져오는 것은 어찌 보면 당연한 것입니다.

싸나톨로지 *Thanatology* ★ 싸나테크놀러지, 죽음과 기술의 결합

그러나 ICT의 발전에 따른 상호작용의 효과가 모두 긍정적인 것만은 아닙니다. 기술의 발전은 사람들의 생활 방식에 엄청난 영향을 미쳤고 그 변화는 의사소통 방식에서도 명백하며 마샬 맥루한Marshall McLuhan이 말했듯이 통신 기술에 영향을 받지 않는 것은 없을 정도입니다. 기술은 디지털 세계를 통해 사람들을 연결하여 글로벌 격차를 해소하는 데 도움이 되었지만 물리적으로 가까운 사람들이 모바일 장치로 인하여 오히려 더 분리될 수 있는 '가상 거리virtual distance'를 만들어내기도 합니다. 가상 거리는 사람들이 물리적으로 함께 있으면서도 노트북이나 스마트폰 또는 태블릿과 같은 기술 장치에 완전히 몰입하여 서로 분리되는 현상입니다. 동일 공간에 있지만 다른 가상의 세계에 빠진 커플, 부모와 자녀, 친구들, 그리고 많은 사람이 기술 장치를 통해 디지털 공간에서 다른 사람들과 연결 하느라 바쁘게 지내고 있는 동안 모든 유형의 인간 상호 작용이 줄어드는 것을 말합니다. 또한 보낸 메시지에 즉각적인 답신이 없을 때 느끼는 거리감은 물리적 거리감 이상으로 더 멀게 느껴지기도 합니다.

그런 관점에서 본다면 죽음학에서 강조하는 의미 있는 삶이나 위엄 있는 죽음을 강조할 때 사이버 공간을 통한 조문이나 위로는 물리적 거리나 시간을 대체할 수는 있지만 심리적 위로와 거리를 메우기에는 무엇인가 한참 부족해 보입니다. 이런 심리적 거리를 측정하는 단어로는 사회적 거리social distance가 있습니다. 사회적 거리 척도는 다양한 정도의 친밀감 또는 친밀함을 나타내는 상황에서 다른 사람들과 상호 작용하려는 사람들의 의지를 측정합니다.[41]

디지털 싸나톨로지 또는 싸나테크놀로지는 변화되는 기술과 사회 현상에 따른 삶의 양식 변화에 기초하고 있기 때문에 이를 수용하되 카스텐바움의 주장처럼 사람이 더 사람답게 생을 마감하고 이를 기념하는 방향으로 발전될 필요가 있습니다. 그러나 그것을 강제할 수 있는 것은 아닐 것입니다. 결국은 고인과의 사회적 거리가 어떠했던가에 따라 디지털 방식으로 조문할 것인지 아니면 물리적 거리를 이기고 고인의 장례나 묘지에 직접 참여 할 것인지를 결정하는 요인이 될 것입니다.

# 딥러닝이 보조하는 완화 치료

완화 치료란 질병으로 삶이 제한적인 환자에게 최대한 삶의 질을 높이고자 발전된 의학 분야입니다. 이 의료 행위는 완치가 목적이 아닙니다. 더 이상 치료 무의미한 상황에서 환자에게 통증과 정신적, 사회적, 영적 문제를 완화하고 지원을 통하여 삶의 질을 높이는 것입니다. 완화 치료가 필요한 대표적인 질병의 사례가 암입니다. 삶을 이어가지만 고통이 동반되는 경우 완화 치료 팀은 고통을 예방하거나 제거해주는 역할을 합니다.

그래서 입원 환자를 위한 완화 치료의 품질을 개선

하는 것은 의료 기관의 최우선 과제가 되어야 할 것입니다. 완화 치료가 '생명 관련 질병에 직면한 환자와 그 가족의 '삶의 질QOL:Quality of Life'을 개선하기 위하여 환자의 통증을 조기 식별하고 평가 및 치료를 통해 고통을 예방 및 완화시키려는' 것에 목적이 있기 때문에 의사의 전문적인 판단은 매우 중요합니다. 임상의 영역에서는 사망이나 부작용을 예측해 완화 치료를 결정하는 것은 전적으로 의사의 판단에 달려 있다고 합니다. 그러나 현장의 임상 의사들은 암의 진전에 따라 판단이 부정확할 수도 있고 의사의 결정에 환자들이 낙관적인 판단을 하는 경향이 있다고 합니다. [42]

연구에 따르면 계속된 치료의 관성과 이로 인해 환자의 희망과 실제 진료 사이의 불일치를 가져오는 원인이 되기도 합니다.

이러한 의사의 한계를 극복하는 방법으로 딥러닝과 전자적인 의료 데이터EHR를 사용하여 죽음의 시기를 3년에서 1년 전까지 예측하게 하는 연구가 스탠포드 대학에서 진행되고 있습니다. 이런 예측이 정확하게 이루어진다면 통증 완화 치료팀은 복잡한 환자 차트나 의사의 필요

없이 적절한 완화 치료를 환자에게 제공할 수 있을 것입니다. 미국 환자들의 80%가 자신들의 마지막을 집에서 보내고자 하지만 약 20%만이 원하는 대로 하며 실제로 사망자의 최대 60%는 급성 치료를 요하여 환자는 자신의 마지막 날에도 병원에서 공격적인 치료aggressive care를 받는다고 합니다.[43]

환자의 예후 정보는 환자뿐만 아니라 간병인이나 의사 모두에게 중요합니다. 의료 분야에서 의료 데이터 시스템의 확산과 머신 러닝 기술의 발전은 특히 질병 예후에 기여할 수 있는 독특한 기회를 제공합니다. 예를 들면 암 환자의 경우 임종 시End-of-Life에는 편안하기를 원하며 사생활과 존엄성을 제공받기 원합니다. 미국에서 이루어진 연구에 의하면 죽음에 이르기 이전 7일 동안 받은 공격적인 치료 횟수는 신체적 고통 증가, 심리적 고통 증가, 낮은 죽음의 질을 수반합니다. 또한 환자의 집과 같이 그들이 선호하는 장소에서 죽음을 선택할 가능성도 낮습니다. 이에 비하면 호스피스를 경험한 사람들은 신체적 고통이 적고 죽음의 질이 더 양호하며 선호하는 장소에서 임종을 맞을 가능성이 더 커집니다.[44]

머신러닝을 통하여 조기에 완화 치료를 받을 수 있도록 임종 시점을 정확하게 예측하는 것은 말기 암 환자가 인간적인 죽음을 위해 자신이 임종 장소를 선택하는 데 도움을 줄 수 있습니다.

인간의 존엄성과 생명의 신성함이라는 관점에서 볼 때 인공지능과 같은 정보기술을 의학에 적용하는 것이 환자에게 과연 유익함만을 주는 것일까요? 많은 환자들이 보인 특징이 개별 환자에게 같은 결과로 적용된다고 단언하기 어렵기 때문에 환자나 보호자에게 잘못된 희망, 잘못된 절망 또는 지속적인 불확실성을 줄 위험을 동반합니다. 이와 같은 정확성과 불확실성의 문제는 AI 뿐만 아니라 예측을 위한 모든 확률적 방법에 공통적으로 나타나지만 특히 AI의 경우 어떤 데이터를 사용하는가에 따라 크게 영향을 받기 때문입니다. 환자의 개별적인 상황을 설명하는 더 많은 기능을 고려하여 높은 확률을 가능한 한 개인화할 필요가 있습니다. 개인적 삶의 특징까지 존중하는 임종이라는 것, 그것은 곧 인간의 존엄성을 대변하는 것이기 때문입니다.

이러한 다양한 문제 제기와 이슈에도 불구하고 인

공지능을 활용해 임종 시점을 예측할 수 있게 된다면 환자가 인간적인 좋은 조건에서 마지막 남은 삶을 마무리할 수 있는 기회를 만든다는 점에서 싸나톨로지에서 추구하는 인간의 존엄한 죽음을 돕게 될 것입니다.

# 죽음의 질과 삶의 질

'죽음의 질 지수Quality of Death Index'는 세계 약 80개국에서 성인이 이용할 수 있는 임종 치료서비스의 질을 측정합니다. 이 연구는 영국의 이코노미스트지의 인텔리전스 유닛EIU: Intelligence Unit팀이 지표를 고안하고 데이터를 수집하여 모델을 구축하는 것을 주도했습니다. 이 지수는 세계보건기구에서 정의한 임종 치료를 측정하도록 설계되었습니다.

대부분의 국가들이 국가 정책으로 표방할 만큼 국민들의 '죽음의 질'이나 '삶의 질'은 중요합니다. 어느 나라든 예외 없이 개인이든 지역 사회이든 삶의 질을 향상시키는 것을 목표로 하고 있으며 이 개념은 어떻게든 각 나라의 공공 정책 및 민간 기업에 많은 영향을 미칩니다. 죽음의 질이 결국은 삶의 질을 높이므로 삶의 질을 살펴보는 것이 죽음의 질 지수와 관련이 됩니다. '삶의 질'을 높이는 요소에는 여러 가지가 있지만 그중에서도 의료 서비스 분야의 발전은 최근 가장 크게 변화된 부분이기도 합니다. 이에 따라 인류는 평균 수명이 늘어나고 더 건강하게 생활하는 것이 가능하게 되었습니다. 그럼에도 불구하고 오래 살게 되었다는 것과 죽음에 이르는 시기의 질은 다른 이야기입니다.

비록 누구에게나 죽음은 피할 수 없는 운명이지만 대부분 이 죽음의 문제를 심사숙고하는 것이 쉽지 않고 일부 문화권에서는 금기시됩니다. 죽음에 대한 문제를 공개적으로 논의할 수 있는 환경이라 할지라도 결국에는 의료적인 처리가 우선합니다. 의료적인 면에서 볼 때는 환자의 회복 가능성에 우선하기 때문에 회복이 어려운 임종 완화 치료를 위한 고통을 최소화하는 것과 같은 노력은 주로 의사 또는 간병인들이 담당하게 됩니다. 특히 호스피스 서비스를 받을 수 있는 인구는 임종 앞 둔 환자의 약 10% 미만 밖에 되지 않는다고 합니다.

완화 치료는 한편 생존을 위협하는 질병에 걸렸을 때 신속한 진단과 선제적인 대응으로 삶의 질을 보장하기 위하여 통증 완화, 그리고 심리적, 영적인 문제를 함께 다루는 치료입니다. 거기에는 다음과 같은 요소들이 포함됩니다.

- 통증 및 기타 고통스러운 증상을 완화합니다.
- 삶을 확인하고 죽음을 정상적인 과정으로 간주합니다.
- 죽음을 서두르거나 연기하지 않으려고 합니다.
- 환자 치료의 심리적, 영적 측면을 통합합니다.
- 환자가 죽을 때까지 가능한 한 적극적으로 살 수 있도록 지원 시스템을 제공합니다.
- 환자가 질병 상태에 있거나 사별하기까지 가족이 대처할 수 있도록 지원 시스템을 제공합니다.
- 팀 접근 방식을 사용하여 환자와 환자의 요구 사항을 수용하고 삶의 질을 향상시키는 등 긍정적인 영향을 주고자 합니다.

이와 같은 관점에서 임종 간호 제공에 따른 '죽음의 질' 지수로 국가 순위를 정한 것이 있습니다. 이 죽음의 질 지수와 관련된 보고서를 살펴보면 각국에서의 죽음에 대한 인식과 죽음을 대하는 문화적 금기 사항에 맞서 싸우는 것은 완화 치료를 개선하는 데 중요하다는 점이 지적됩니다. 예를 들면 중국 문화에서는 죽음에 관한 논의를 할 경우 낙인찍힐 정도로 금기시 합니다. 그런가 하면 서구 사회에서 죽음은 의료화하고 공격적인 의료치료가 종종 완화 치료보다 우선으로 행해집니다.

이와 같은 문화적인 관습은 양적인 측정이 어렵지만 일반인들이 가진 임종 간호에 대한 의식을 조사함으로써 객관화할 수 있습니다. 중국은 거의 임종 간호에 대한 논의가 없는 나라에 속하지만 영국이나 아일랜드는 이런 주제에 대한 논의가 비교적 활발한 국가에 속합니다.

나라마다의 문화적 차이에도 불구하고 완화 치료는 다른 치료나 진통제보다 훨씬 더 중요하기 때문에 인적 요소를 과소평가해서는 안 됩니다. 확실히 훈련된 의사와 간호사의 부족은 죽음의 질을 높이는 데 큰 어려움을 초래하기도 합니다. 완화 치료는 여러 분야의 노력이 함께 수반되어야 합니다. 게다가 심리적으로 복잡하고 어려운 문제는 특히 어린이의 죽음과 관련하여 발생하기도 합니다. 죽음을 앞두었거나 죽음을 경험하는 어린이에게는 그것을 겪는 과정 전반에 세심한 관리가 필요합니다. 안타깝지만 이러한 돌봄에 대해 필요한 비용 부담을 말하며 관련된 기관들이 어려움을 표하는 것을 경험합니다. 그런 재정적 문제가 있다 하여도 경비 부담이나 예산 이전에 죽음에 대한 인식과 사별과 비탄 등에 대해 관심을 가질 때 그 길과 해법을 찾기 더 쉬워질 것입니다.

# 인공지능 시대의 싸나톨로지

빠르게 발전하는 디지털 기술과 인터넷 그리고 모바일 통신 및 인공지능 기술은 우리 사회의 모습을 급격하게 변화시킵니다. 사회적 존재로서 인간의 태어남과 죽음 역시 그것으로 인하여 영향을 받을 수밖에 없습니다. 의미 있는 삶에서 의미 있는 죽음과 찬란한 죽음으로 약속받고 싶듯이 인공지능 시대의 죽음 역시 준비가 필요합니다.

가족 구성원들이 임종을 앞둔 사랑하는 가족의 인생의 마지막을 계획하는 것은 힘든 일이지만 가장 중요한 일 중 하나입니다. 임종을 앞둔 이의 이야기를 들으며 삶의 경험을 공유하고, 이전에 말하지 않은 일에 대해 토론하고, 마지막 날을 편안하고 품위 있게 보내도록 돕는 것은 생의 마지막을 준비해야 하는 몇 가지 요소에 속합니다. 또한 임종에 대한 계획에는 유언장, 장례식에 관한 이야기나 수의, 병원과 관련된 서류 준비 그리고 유산의 문제들도 포함될 수 있습니다.

인생이 언제 끝날지는 아무도 모릅니다. 그런 가운데 21세기 이후에는 사후에도 발전하는 디지털 기술을 통해 여전히 고인이 살아 활동하는 불멸의 세상이 올 수도 있습니다. 그렇기 때문에 그때를 대비해 육체적, 디지털적 죽음을 함께 대비하는 것이 중요합니다. 우리는 일반적으로 육체적 죽음에서와 마찬가지로 정신적으로 디지털 세계에서 죽음을 준비하는 데 매우 취약합니다. 당신이 죽고 난 뒤 남긴 것을 어떻게 처리할 지를 문서화해 둔다면 남겨진 사람들이 당신의 죽음으로 인한 슬픔의 과정과 고통을 크게 줄일 수 있을 것입니다. 문제는 정신적인 것과 마찬가지로 디지털 세계에서의 '우리'는 오랫동안 기록된 데이터를 기반으로 한다는 것입니다. 데이터를 모두 지우는 것도 방법일 수 있지만 남은 가족은 고인의 온라인 데이터를 이용하여 고인을 추모 하거나 좋은 추억과 가르침을 되살릴 수도 있습니다. 그렇기에 육체적으로 사는 현실 세상에서의 삶을 잘 사는 것도 중요하지만 4차 산업혁명과 인공지능 시대에는 온라인에서의 삶도 잘 사는 것이 필요합니다.

온라인 세계에서의 '개인'의 탄생과 사망은 정확히 언제부터라고 말하기가 어렵습니다. 인터넷의 특정 사이트를 사용하기 위하여 계정을 만들 때 요구되는 개인 프로필, 계정, 파일 등이 계속해서 생성되기 때문에 정확하게 어디에 나의 '흔적'이 남아 있는지를 아는 것도 쉽지 않습니다. 이것은 오프라인으로 이 세상을 살아가는 것과 유사합니다. 오프라인에서도 하루의 일과를 빠짐없이 기억하는 것은 불가능하기 때문입니다.

자신의 기억뿐만 아니라 나와 관계있는 사람들이 나를 기억하는 내용에도 한계가 있습니다. 반면 온라인 세계에서의 '나에 대한 기록'은 빠짐없이 남겨집니다. 우리가 물리적으로 존재했던 기간보다 오래 지속될 것이고 또 다른 존재인 '디지털 사후 세계에서의 나'는 디지털 영역에서 행했던 기록입니다.

온라인 세계에 남아 존재할 나의 모습을 생각한다면 데이터 사용에 있어서 살아 있는 동안뿐만 아니라 사후를 위한 관리가 필요합니다. [45]

가상 세계에서 이루어지고 있는 의미 있는 삶의 흔적들은 사후에 어떻게 평가될까요? SNS를 통하여 맺어진 인간관계와 정보들이 온라인에 남겨져 디지털 자산이 되어 인공지능 기반 아바타로 거듭날 경우 사후에 사람들은 그것들을 보면서 '나'를 어떻게 평가할까요? 남겨진 디지털 자아는 생전의 자신이라고 말할 수 있을까요? 그것들은 누구에게 가치가 있는 것일까요? 인공지능 시대에서도 여전히 싸나톨로지가 필요한 이유입니다.

남녀노소를 불구하고 우리는 디지털 시대에서 우리의 삶의 흔적이 계속하여 쌓이고 있음을 기억할 필요가 있습니다. 원하든 원하지 않든 이러한 디지털 데이터가 지워지지 않고 남아 자신의 삶에 대한 증언을 하게 될 것입니다. 가상의 공간에서 나의 자취들은 그렇기에 인공지능 시대의 싸나톨로지는 삶의 의미를 더욱 확장시킵니다. 즉 한 번 죽음으로써 모든 것이 정리되는 그런 일회성 삶과 죽음이 아니라 육체적으로 죽음이 다가온 뒤 더 오랫동안 '나'를 말해주는 데이터의 존재로 말미암아 물리적인 세계에서의 삶을 더 아름답게 사는 것이 절실하게 필요함을 의미합니다.

# 디지털 내세의 디지털 영혼

　사람들이 온라인 상호 작용을 위해 여러 가지 형태의 사회관계망 서비스와 가상 세계에서 활동함에 따라 이러한 환경에서 자신도 모르게 제공하는 개인 정보의 양은 의외로 많습니다. 예를 들면 페이스북에 자신의 일상에서 의미 있다고 생각하여 올리는 사진이나 동영상은 그 사람이 무엇에 관심을 갖고 있는지를 아는 열쇠가 됩니다. 결과적으로 우리는 자신의 삶에 대한 방대한 온라인 기록을 남기는 환경을 만든 역사상 최초의 사람들인 것입니다. 이러한 기록들은 우리가 사라질 때 얼마나 오래 남게 되고 우리 자신에 대하여 어떤 메시지를 남기게 될까요?

어떤 사람들은 자신의 사후 세상이 자신을 기억해 주기를 희망합니다. 아내를 위해 디지털 웹사이트를 이용하여 추모 공간을 마련한 어떤 사람은 자신의 아내가 죽기 얼마 전에 "사람들이 저를 기억하는지 확인해주세요."라는 아내의 부탁에 따라 관련된 사진과 글을 엄선하여 그녀의 삶을 기념할 수 있도록 했습니다.

이러한 노력은 죽은 자의 모든 물품을 없애버림으로써 흔적을 남기지 않는 전통과는 많은 차이가 있어 보입니다. 비석이나 장례 기념물도 아닌 웹사이트를 통하여 기록을 남기는 것은 어찌 보면 어색하기도 합니다. 그러나 이런 노력 없이도 온라인을 사용하면서 자기도 모르는 사이에 기록되는 자신에 대한 정보는 관계, 관심사, 신념 등과 같은 여러 가지 개인적인 특징과 선택의 총합을 보여줍니다. 그로 인하여 데이터를 보면서 사용자의 생사와 상관없이 그가 어떤 사람인지 그 사람의 정체성을 어느 정도 알 수 있게 됩니다. 궁극적으로는 한 사람이 죽더라도 자기 자신이 온라인에 기록한 그대로 존재하는 셈입니다.

이와 같은 온라인에 존재하는 데이터로 인하여 개인을 한스 피터 브론드모 Hans Peter Brondmo는 '디지털 영혼'이라고 부릅니다. 디지털 정보 저장 공간의 값이 저렴해지고 데이터의 간편한 복사 기능 덕분에 개인의 디지털 영혼은 진정으로 불멸할 수 있는 잠재력을 가지게 된 것입니다. 그렇다면 우리는 온라인에서 가볍게 또는 의도적으로 달았던 즉석 댓글이나 카메라 폰 스냅 사진 올리기, 또는 재미로 올렸던 당황스러운 모습들이 죽은 후에도 보이도록 남겨두어야 할까요? 이런 디지털 영혼의 보존을 주장하는 쪽에서는 우리가 후손들에게 빚지고 있다고 믿습니다. 이와 달리 '삭제주의자'는 데이터를 남겨두지 않고 삭제하도록 인터넷을 사용해야 한다고 주장합니다. 이 논쟁은 그리 쉽게 정리될 성질은 아니라서 두 그룹은 인터넷의 미래를 놓고 논쟁을 벌이고 있으며 디지털 영혼의 운명은 그룹들 간에 적정한 균형점에서 결정될 것입니다.

인터넷이 우리의 모든 경험과 원활하게 통합됨에 따라 점점 더 많은 일상생활이 온라인으로 문서화되고 있습니다. 뉴 사이언티스트<sup>New Scientist</sup> 뉴스레터에 의하면 미국인의 3분의 2가 개인 데이터를 어딘가에 위치한 클라우드 서비스의 어떤 서버에 저장한 반면 거의 절반이 소셜 네트워크에서 활동했다고 합니다. [46]

개인이 남기는 데이터의 유용성을 이용하기 위하여 구글, 페이스북과 같은 플랫폼 업체들은 이러한 데이터를 가급적이면 오랫동안 최대한 많이 저장하고자 합니다. 아마존이나 네이버 같은 업체들은 검색 요청 및 검색 기록과 같은 '디지털 데이터 조각'조차도 개인화된 광고로 사용하여 검색자를 광고에 타깃팅 하려고 기록하는 경우가 많습니다. 비록 개인에게 이런 데이터는 작은 의미일지 몰라도 디지털 시대를 연구하는 학자들의 입장에서 보면 매우 소중한 자료가 되고 있습니다.

빅데이터를 분석하고 의미를 찾아내는 기술들이 발전하면서 이 세상에 존재하지 않는 내가 계속해서 누군가에 의하여 해석되고 '존재'하게 될 것입니다. 디지털 영혼 또는 '죽은 디지털 자아'의 관리와 수반되는 수많은 문제에 관한 중요한 논의의 필요성은 인간의 죽음에 대한 정의마저 바꾸게 될지도 모릅니다. 21세기를 살고 있는 우리는 생전에 온라인을 사용한 흔적으로 게시물, 개인 메시지 및 개인 정보를 남기고 떠납니다. 이 데이터의 소유자는 누구이며 고인의 개인 정보를 보호하는 것은 누구의 책임이 되어야 할까요?

죽음과 그로 인한 영향은 전 세계적으로 빠르게 변화하고 있습니다. 개인의 디지털 삶과 디지털 유산의 일부 요소는 시간이 흐른 후에도 계속하여 지속되는 경우가 자주 있습니다. 과학 및 기술 혁신을 포함한 문화의 지속적인 변화는 21세기에 남겨진 디지털 유산들이 디지털 '내세'에서 어떻게 사용되어야 하는가에 대한 사회적 또는 법적 차원의 논의를 필요로 합니다.[47]

이러한 관리 문제는 국가의 발전 정도에 영향을 받습니다. 가령 디지털 사후 세계에 대한 여러 조치들은 사람들의 개인 정보 보호 문제, 디지털 소유권 및 법적인 구조를 필요로 하지만 선진국에 비하여 개발도상국들은 여러 가지 이유로 인하여 이런 문제에 취약한 편입니다. 결국 디지털 격차가 사후 세계로까지 이어지는 구조가 되는 것입니다. 더욱이 이런 디지털 유산이 이미 육체적으로 존재하지 않는 '나'에서 '디지털 내세의 나'로 살아가야 한다면 그 삶의 지속을 허락할지 그렇지 않을지의 선택이라는 새로운 차원의 죽음을 생각해야 합니다. 그리고 그 선택은 모두에게 동등하게 적용되어야 할 것입니다.

# 인공 지능을 통한 인간 불멸

누구나 불로장생을 소망합니다. 그리고 인공지능을 활용하면 그것이 가능할 것이라고 믿는 미래학자들도 있습니다. 구글에서 머신러닝을 개발하고 연구하는 레이 커즈웨일Ray Kurzweil은 2029년 정도가 되면 인간의 수명은 극적으로 늘어날 것이고 무한할 지도 모른다고 예측합니다. 심지어 그는 클라우드 기반 컴퓨터 네트워크에 연결되는 작은 로봇 공학을 인간에 이식함으로써 인간의 두뇌를 향상시켜 마치 '신과 같은' 능력을 부여할 수 있다고 말합니다.

또 다른 미래학자 이언 피어슨에 의하면 2050년에는 인간이 컴퓨터에 자신을 저장함으로써 일종의 가상 불멸을 달성할 것이라고 예측합니다. 이는 사람의 인격을 컴퓨터로 옮길 수 있게 되고 미래의 사람들과 소통할 수 있는 기술이 개발된다는 것을 의미합니다. 피어슨은 전문적인 기술 분야의 발달에 관한 예측을 해오고 있는데 그의 예상은 거의 10년 앞을 내다볼 때 85% 이상 정확도를 갖고 있다고 알려져 있습니다. 대표적인 그의 예측 중에는 지금은 일상화된 음악 구독 서비스(1991), 손목시계 컴퓨터(1994), 심지어 일론 머스크<sup>Elon Musk</sup>의 하이퍼루프<sup>Hyperloop</sup>기술도 포함되어 있습니다. [48]

그에 의하면 사람이 죽은 후에도 아바타의 형태를 가진 컴퓨터에 그의 인격이 전달되고 그 존재는 계속 학습하여 새로운 지식을 갖게 되거나 또는 과거의 데이터 상태에 머무르게 되는 정적인 상태를 유지할 수도 있습니다. 이 같은 상태는 결국 어떻게 프로그래밍 하느냐에 달려 있다는 것입니다.

이것이 그저 공상 과학에서의 이야기일까요?

미국의 과학 연구지원 기관인 과학재단<sup>NSF</sup>에서는

*
디지털 아카이빙
digital archiving이란
지속적으로 보존할
가치를 가진 디지털
객체를 장기간 관리
하여 이후의 이용을
보장하는 활동을 말
한다. 또 다른 의미
로 '디지털 보존
digital preservation'
이라는 용어를 사용
하기도 한다.
(위키피디아,
https://ko.wiki-
pedia.org/wiki/)

약 50만 달러를 투입하여 시카고의 센트럴 올랜도 및 일리노이 대학으로 하여금 인공지능, 컴퓨터 이미징 및 아카이빙*을 사용하여 실제 사람의 복제 버전을 생성하는 방법을 연구하도록 지원하고 있습니다. 우주개발업체 스페이스X와 자율주행 자동차회사 테슬라로 유명한 머스크는 뉴럴링크<sup>Neuralink</sup>라는 뇌-컴퓨터 접속 기술 개발을 지원하고 있습니다. 뉴럴링크는 인간의 기억력을 향상시키고 컴퓨팅 장치와 보다 직접적으로 접속이 가능하도록 인간의 뇌에 이식할 수 있는 장치를 만드는 데 중점을 둡니다. 그 결과는 어떻게 될까요? 머스크는 시간이 지남에 따라 생물학적 지능과 디지털 지능이 더 긴밀하게 통합될 것이라고 합니다. 이는 기존의 인류가 아닌 새로운 신인류가 될 수 있는데 이런 인류를 트랜스 휴먼이나 포스트 휴먼으로 부르기도 합니다.

아직은 먼 훗날의 이야기일 것 같지만 이미 많은 의료 기관에서 이런 분야를 연구하고 있습니다. 이언 피어슨은 2025년에 이르면 인간의 몸과 두뇌를 제외

한 98% 정도가 기계로 대체 가능할 것으로 보고 있습니다. 그리고 미래학자는 2050년 이후로 인간의 뇌와 기계 세계 사이에 강력한 연결 고리를 갖게 되어 기계 외부에서 뇌를 정확하게 복제하는 것이 전적으로 가능하다고 말합니다.

그렇게 된다면 오늘날 우리가 중요하게 여기는 죽음의 문제가 더 이상 인간의 생로병사 과정에서 중요한 문제가 아닐 수 있다고 피어슨은 예견하고 있습니다. 그는 그런 일이 일어날 가능성이 매우 높고 생물학적으로 사망했으나 그들 중 일부는 로봇 등에 이식되어 거의 영원히 살게 될 것이다라고 예측하였습니다.

로봇이나 생물학적인 기계를 통하여 개인의 인격이나 두뇌가 활동하게 되는 인간의 복제는 전통적인 죽음학에서 거론되어 온 인간의 불멸과는 차이가 있습니다. 즉 카스텐바움이 지적했듯이 석조 구조물이나 타임캡슐 또는 생물학적인 복제와도 다르고 인터넷에 퍼져 있는 개인의 정보를 바탕으로 하는 일종의 '보조적인 불멸' 방식과도 다른 것입니다. 인간의 두뇌를 제외하고 생물-기계적인 구조물에 개인의 두뇌와 연결된 인터페이스[BCI]를 통하여 전달된 개인의 '자아[self-identity]'가 존재함으로 '보조적인 개인'이 아니라 '실제 자아'가 될 수도 있을 테니 말입니다. [49]

한 사람의 두뇌를 복제하는 데 어느 정도의 디지털 자원이 필요할지에 대한 논의를 제외하고서라도 이러한 존재 방식은 많은 윤리적인 질문을 내포하고 있습니다. 솔직히 더 오래 살고 싶어 하는 것은 어쩔 수 없는 인간의 본능입니다. 그러나 이언 피어슨이나 일론 머스크의 과제들이 성공한다면 인간의 삶은 과연 불멸이 될 수 있을까요? 사람들이 그런 생활에 만족하게 될까요?

전통적인 죽음학의 관점에서는 우리 모두가 죽는다는 사실이 인간의 명백한 현실이라고 인정하는 가운데 출발했습니다. 그렇기 때문에 의학의 힘으로 인간의 죽음이 의료화 되어감에 따라 품위 있는 임종과 죽음을 강조하는 것입니다. 그런데 기술의 발전으로 죽음이 새로운 형태의 탄생으로 연결되어질 때 사람들이 익숙하게 받아들여 온 전통적인 죽음의 권리를 어떻게 해석해야 할지는 깊은 논의와 사회적인 동의가 필요한 주제가 될 것입니다. 더 늦기 전에 인문학과 철학과 윤리학과 사회학과 생물학 등 관련 학문들이 테크놀로지가 가져 올 전대미문의 인간 불멸 사건에 개입해야 할 이유입니다.

# 죽음의 공포를 벗어나게 해주는 가상현실 기술

    죽음을 간단하고 단순하게 이야기하는 것은 어려운 일입니다. 누가 죽음에 대하여 말하는 것을 즐겁게 할 수 있겠습니까? 싸나톨로지스트에게도 그러한 주제로 이야기하는 것은 쉽지 않은 일입니다. 종교나 세계관 또는 문화와 상관없이 '죽음에 대한 두려움<sup>fear of death: FOD'</sup>은 매우 흔한 감정입니다. 설문 조사에서 미국인의 절반 이상이 자신의 죽음이나 사랑하는 사람의 죽음을 깊이 두려워한다고 합니다. 심지어 죽음이 심각한 공포로 여겨지는 사람들도 있는데 이를 '싸나포비아<sup>thanaphobia'</sup>라고 합니다. 이 사람들에게는 죽음에 대한 두려움이 단순한 심리적 고통을 넘어 공황 발작이나 우울증 같은 더 가시적인 증상을 유발하기도 합니다. 심지어 개인적인 영역을 넘어서 어떤 사람들에게는 외부 활동을 어렵게 하는 질병입니다.

일반적으로 '죽음에 대한 두려움'이 낮은 사람들은 높은 자존감, 종교적 신념, 좋은 건강, 삶의 성취감, 가족 및 친구와의 친밀감과 의지가 강한 특징을 지니고 있다고 합니다. '죽음에 대한 두려움'을 높게 하는 데 기여하는 요인으로는 불안, 우울한 증상 및 사망 후 일어날 일에 대한 불확실한 믿음들이 있다고 합니다.[50]

'죽음에 대한 두려움'이 높은 사람의 주변에서 누구도 죽음이라는 주제에 대하여 말하지 않는다면 도움이 될까요? 오히려 죽음에 대한 성찰을 통해 보다 풍부하고 의미 있는 삶을 살 수 있다는 것이 싸나톨로지가 주요하게 강조하는 점이며 많은 위대한 사상가들과 예술가들도 이에 동의하고 있습니다.

이런 관점에서 디지털 기술을 적용하여 '죽음'이라는 주제를 정면으로 직면하도록 하는 시뮬레이터가 개

발되었습니다. 데쓰 인큐베이터<sup>Death Incubator</sup> 프로젝트에
의하여 개발된 가상현실<sup>VR</sup>의 구성 요소들은 사람들에
게 시각적인 정보를 제공하여 죽음에 대한 두려움을 극
복하도록 돕는 것을 목표로 합니다. 가상현실이 제공하
는 경험은 일반적으로 전통적인 종교적, 영적 죽음의 개
념을 따라서 죽음이 어떤 것인지 그대로 재연해낸 것입
니다. 이 같은 기술은 심리요법과 노출 치료 혹은 노출요
법露出療法을 결합한 것입니다. 노출요법은 불안장애를 치
료하기 위하여 사용하는 행동치료 요법인데, 환자에게
어떤 위험을 유발하지 않으면서도 불안의 근원이 되는
대상이나 환경에 노출시켜 환자의 불안이나 고통을 없
애는 기술입니다.[51]

데쓰 인큐베이터 프로젝트에서는 노출요법을 적용
할 때 가상현실 기술을 사용하여 환자가 죽은 뒤의 과
정을 시뮬레이션으로 보여줍니다.

시뮬레이션은 가상현실 사용자가 마치 임종을 맞는
것처럼 꾸며 임종을 맞이한 침대와 매장지를 보여주는
것으로 시작됩니다. 그런 다음 참가자가 들어오는 것처
럼 영상을 만들어 다른 세계의 존재와 함께 다른 차원

으로 점점 더 높이 올라가면서 최종적으로는 완전히 다른 존재들과 함께 있는 상태를 보여주도록 만들어졌습니다. 데쓰 인큐베이터의 가상현실 콘텐츠는 개발자들의 죽음에 대한 관점을 반영하고 있습니다. 개발자들의 종교나 세계관에 따라 그 구성이나 내용은 다르지만 각종 문화적 요소가 고려된다면 이런 가상현실 체험은 사용자로 하여금 죽음에 대한 기존의 관점을 변경하도록 설계될 것입니다. 비록 기술이 많이 발전했다고 하나 이 경험을 통해 죽음이 어떤 것인가에 대한 정확한 시각을 갖도록 하는 데는 한계가 있을 것입니다. 그럼에도 불구하고 이러한 가상현실 시청 경험은 참가자들로 하여금 죽음에 대한 인식과 주제에 대한 토론을 할 수 있는 토대를 제공할 수 있습니다.

사용자들의 관점이나 죽음에 대한 인식은 어떤 방식으로 바뀔까요? 가상현실이 포함된 죽음에 대한 워크숍 참가자들은 그 경험이 매우 영적이었다고 말합니다. 죽음이라는 주제에 접근하는 불안을 없애고 죽음이 삶에서 받아들여져야 할 자연스러운 부분이라고 인식하게 된 것은 매우 긍정적인 결과입니다. 가상현실이라는 첨단 기술을 활용할 때 대부분의 문화권에서 종종 금기시되는 주제인 죽음을 긍정적인 주제로 되살릴 수 있습니다. 더욱 중요한 것은 '죽음에 대한 두려움'이 낮은 사람들이 보이는 자존감을 높이고 종교적 신념을 갖도록 하며 건강관리와 삶에서 성취감을 갖도록 하는 환경 및 가족이나 친구들과의 친밀감을 유지하는 것이 필요하다는 것을 알립니다. 디지털 기술에 의한 싸나포비아를 치료하기 전에 일상생활에서 죽음을 대비하지 않더라도 충실한 삶을 살아가는 것이 죽음에 대한 두려움을 이기는 가장 쉽고 빠른 방법일 것입니다.

# 로만 봇과
# 매력적인 디지털 자아

디지털 불멸성은 21세기 지식정보화 사회의 뜻하지 않은 새로운 가능성입니다. 디지털 불멸은 사망 후에도 계속해서 능동적 또는 수동적인 형태의 존재 또는 현존 presence으로 정의됩니다. [52]

육체를 지닌 인간이 생전에 온라인에 온라인 신원 ID과 데이터 저장소를 구축함에 따라 존재하듯이 디지털 존재는 온라인을 통한 가상 개인 비서 서비스의 사용이 증가함에 따라 더욱 존재할 가능성이 커지고 있습니다. 개인이 남긴 디지털 정보를 바탕으로 재현되는 '디지털 불멸성 또는 디지털 현존'은 계속해서 성장하는 것이 가능할까요?

통상적으로 불멸성은 어떤 존재가 영원히 살아 있는 것을 말합니다. 이 같은 정의에 따르면 디지털 불멸성도 살아 있기 때문에 학습하고 상호작용하는 것이 가능해야 합니다. 디지털 불멸성이 아니라 하더라도 아인슈타인이나 소크라테스와 같은 위인들은 자신들의 생각이나 아이디어들이 다양한 형태로 세대를 거쳐 이어가기 때문에 인간이 지구상에 존재하고 지식을 전달하는 것이 계속되는 한 이미 불멸성을 가지고 있다고 말합니다. 그렇지만 그런 불멸성은 단지 '전수'되는 형태이지 인간 아인슈타인처럼 학습하거나 진화해 가는 것은 아닙니다. 이처럼 아이디어를 보존하고 전수하는 형태로 계속해서 존재하는 것을 '단방향 불멸성one-way immortality'이라고 합니다. 단방향 불멸성과 달리하는 계속해서 배우고 진화해 나가는 인공물을 '양방향 불멸성two-way immortality'이라고 하는데 이는 고든 벨Gordon Bell과 짐 그레이Jim Gray가 미국 컴퓨팅 학회의 메거진에 발표한 기고에서 주장한 바입니다.[53]

단방향 불멸성이든 양방향 불멸성이든 결국 사람의 일부를 디지털 정보로 변환하고 이를 오래 유지할 수 있는 저장 매체에 저장하는 것을 필요로 합니다. 물론 저장된 정보를 추출하여 개인화 형태로 만드는 기술도 필요할 것입니다. 컴퓨터 과학자들은 개인의 경험이 보존되어 육체적인 인간의 사후에 고인의 인격성을 가진 양방향성 디지털 불멸의 인공물이 만들어져 스스로 삶을 지속하는 것이 금세기 내에 가능할 것으로 보고 있습니다.

발전되는 인공지능과 디지털 기술은 삶의 다양한 영역에서 이제까지 경험해보지 못한 새로운 양상을 만들어낼 수 있습니다. 이메일을 보내거나 소셜 미디어 게시물을 읽거나 디지털 카메라로 사진을 찍을 때마다 디지털 데이터로 작업하는 것입니다. 중요한 것은 이 모든 행위가 디지털 데이터를 중심으로 이루어지고 있다는 것입니다. 데이터는 그 자체는 새로운 것이 아니지만 디지털 기술이 발전하면서 전례 없이 빠른 속도로 이루어지고 있다는 사실입니다. 인간은 기록을 남기며 발전해왔습니다. 즉, 사실을 여러 가지 상징으로 기록하면서 수

세기 동안의 숫자와 문자로 기록된 과거에 비하면 오늘날에는 매일 생성되는 데이터의 양에 있어서 그때와 비교할 수 없을 정도로 폭발적입니다.

이 같은 데이터의 급속한 증가는 단순히 그 양의 크기에 그치는 것이 아니라 데이터를 수집하고 사용하는 과정을 통해 새로운 과학적 발견을 위한 가능성과 새로운 제품과 서비스를 발명하는 데 활용될 수 있습니다. 즉, 모든 데이터가 가치 있는 것은 아니지만 데이터가 지닌 일반적인 속성은 점점 더 중요한 자원이 되고 있음을 의미합니다. 디지털 데이터는 과거의 종이나 영화 필름에 기록된 것들이 시간이 지나면서 낡아지는 것과 같은 품질 저하 없이 거의 영구적으로 사용이 가능할 것입니다. 더구나 이러한 데이터는 매우 빠른 속도로 저렴하게 사용, 재사용, 복사, 이동, 처리될 수 있으며 거대한 규모와 범위로 확장 가능한 특징을 지니고 있습니다.

생성된 데이터는 사회적, 경제적 프로세스, 제품, 조직 방법, 시장 등을 개선시킬 때 가치가 더해집니다. 사용되지 않은 데이터는 아날로그 형태든지 디지털 형태든지 존재의 의미가 줄어드는 것이지요. 디지털 데이터가 지닌 이러한 데이터 중심 혁신은 시장을 변화시키는 많은 새로운 비즈니스 모델을 뒷받침합니다. 데이터의 특성은 보편적 사용자보다 일부 사용자에게 더 가치가 있을 수 있습니다. 예를 들어 데이터에 접근하여 사용할 수 있는 속도는 신속한 정보를 필요로 하는 애플리케이션이 매우 중요합니다. 주식이나 뉴스와 같은 실시간으로 거래되는 시장의 많은 영역이 그런 영향을 받습니다. 마찬가지로 데이터의 진실성 또는 데이터의 정확성은 안전 및 유지 보수와 관련된 경보 즉 지진이나 태풍 경보 등의 재해와 관련된 소식과 같이 발동해야 하는 시스템들이 실시간으로 작동하는데 있어서 매우 중요합니다.

그렇다면 개인이 가진 특성을 알아내고 사고하며 결정하는 패턴이 담긴 기록이 있다면 이것은 어디에 사용될 수 있을까요? 2000년대 초반 마이크로소프트의 연구원들은 프로젝트 'My Life Bits'라는 연구를 진행했습니다. 이 프로젝트에서는 개인의 일상을 디지털 방식으로 저장하는 것과 관련된 기술을 개발하고자 한 것입니다.[54]

사이버올CyberALL 프로젝트를 통하여 연구자들은 개인의 일상생활 및 직장에서의 삶의 모습을 일일이 데이터화 하는 것입니다.

과거에는 종이나 서책 형태로 아이디어들을 저장하고 배포하는 방식을 취했다면 현대는 음성 녹음 앱이나 스마트폰의 카메라 등을 통하여 기록할 수 있어 개인사를 기록하는 것이 매우 쉬워졌습니다. 저장 장치의 저렴한 가격으로 인하여 인류는 이제까지의 문자나 기호를 종이에 기록하여 다음 세대로 전달하는 방법과는 다른 디지털화 된 새로운 정보 전달이 가능해졌습니다.

이런 디지털 정보가 유산으로 남겨진다면 이것을 바탕으로 할 수 있는 것 중에는 무엇이 있을까요? 단방향 불멸성에 따르면 단순히 정보를 저장 장치에서 읽어내어 이를 다양한 형태로 디스플레이 할 수 있습니다. 가장 단순한 형태로는 웹사이트를 통하여 정보를 디스플레이 하는 것입니다.

구전 역사, 일기, 회고록, 사진, 영화, 시 같은 것들은 인류의 시간상에서 사라져가는 기억을 붙잡으려는 중요한 도구들이었습니다. 그리고 이제는 이전과 달리 우리의 기억을 인터넷에 연결된 여러 서버에 저장합니다. 기업들의 노력에 의하여 우리는 살아가면서 우리의 가장 중요한 삶의 사건을 기록할 수 있습니다. 그러나 디지털 시대는 우리가 모르는 사이에 그 어느 시대보다 철저하게 개인의 기억을 수집하고 보여줄 것인지를 기획하고 제공하는 온라인을 가지고 있습니다. 이런 과정을 통하여 우리를 기억하는 어떤 사람에게 '우리 자신에 관한 기억', 일종의 불멸을 제공하고 있는 셈입니다. 그리고 그러한 데이터들은 우리가 이 땅을 떠난 뒤에도 기록으로 영원히 존재할 것이고 누군가의 가족이나 친구들, 그리고 알지 못하는 다음 세대에게 기억될 것입니다. 디지털 불멸성 가운데서 단방향 불멸성은 상호작용 즉, 누군가와 의사소통하는 기능은 포함하고 있지 않습니다. 그렇지만 단방향 디지털 불멸성으로 인하여 이미 죽음이라는 과정을 통하여 세상에는 존재하지 않는 자기가 누군가에게 기억될 수 있는 대상이 된 영원히 존재할 수 있는 자기<sup>自己</sup>의 길이 열린 것입니다.

디지털 자기<sup>digital self</sup> 중에서 단방향 불멸성은 사람이나 디지털 물체와 상호작용이 제한되어 있는 데 비하여 양방향 불멸성에서는 보다 발달된 디지털 기술을 사용합니다. 아이폰에서 만날 수 있는 로만 마주렌코[Roman Mazurenko]라는 앱은 독특한 사연이 있습니다.

이 앱은 생존했던 로만 마주렌코라는 사람의 아바타입니다. 그가 교통사고를 당하여 사망한 후, 친구인 유지나 쿠이다Eugenia Kuyda가 자신의 가장 친한 친구였던 그를 위하여 기념비를 세우기로 결정했습니다. 그녀는 생전에 마주렌코가 보낸 문자 메시지를 수집하면서 친구와 가족들에게도 똑같이 해주길 부탁했습니다. 이를 통하여 소프트웨어 개발자인 쿠이다는 마주렌코의 관심사, 생각, 성격이 내포된 8,000줄 이상의 텍스트를 수집할 수 있었습니다.

이것을 바탕으로 마치 마주렌코가 살아 있는 것처럼 말할 수 있도록 그가 사용하던 단어들을 사용하여 메시지에 응답할 수 있는 신경망을 훈련시키는 데이터로 활용했습니다. 이렇게 하여 만들어진 "로만 봇Roman Bot"은 2016년 쿠이다의 챗봇 플랫폼인 루카Luka에 게시되었습니다. 사용자는 @Roman을 추가하기만 하면 이 아바타와 대화할 수 있도록 되어 있는데 사용자들은 마주렌코의 삶과 경력에 대해 알 수 있을 뿐만 아니라 그에 대한 어떠한 정보도 모을 수 있도록 하였습니다. 그의 기질이나 말할 때의 리듬, 보이는 반응 등이 쿠이다의 친구였던 마주렌코를 흉내 낼 수 있게 하였습니다. 어떤 이들은 그것을 유령<sup>ghost</sup>이라고 불렀습니다. 쿠이다는 페이스북에 올린 게시물에서 로만 봇과의 채팅 경험을 사람의 그림자<sup>shadow person</sup>와 대화하는 것으로 설명했습니다.

쿠이다가 개발한 로만 봇은 인공지능을 통하여 한 인간을 죽음이라는 과정과는 별개로 이 세상에 지속적으로 존재할 수 있게 할 수 있는 가능성을 보인 것입니다. 약 8,000개의 텍스트를 가지고 한 인간의 행동을 그대로 재현하는 아바타를 만들 수 있었다면(비록 완전하지는 못하지만), 더 많은 개인의 특성을 나타내는 정보를 모을 수 있다면 머지않아 인공지능은 디지털 세상에서 영원히 죽지 않을 뿐만 아니라 그 정보를 바탕으로 새로운 정보를 만들어낼 수 있는 가상의 인물을 만들 것입니다. 이는 '죽음'이라는 미지의 세계를 피하고 싶어 하는 인간의 욕망을 만족시키는 근사한 방법의 가능성을 보여주는 것일까요?

실제로 이 같은 아바타 형태로 디지털 데이터 기록의 재생, 학습, 상호작용이 가능하게 함으로써 육체적인 죽음을 맞이했지만 디지털 세계를 바탕으로 계속해서 배우고 성장하고 진화해 나간다면 그 '자아'는 과거 원 데이터를 제공했던 사람의 자아라고 할 수 있을까요? 이와 관련된 법적이고 윤리적인 권리 및 책임은 어떻게 되는 것일까요? 기술적으로는 충분히 가능할 것으로 여겨지는 이런 인공물들의 개발이 전통적인 죽음에 관한 관점 혹은 '사라짐'이나 '잊힐 수 있는 권리'에 대한 새로운 논쟁을 촉발하고 있습니다.

양방향 디지털 불멸성을 가진 존재는 육체적인 죽음 후에도 오랫동안 생전에 사랑했던 사람이나 다음 세대와 상호작용을 할 수 있습니다. 로만 마주렌코가 그러하듯이 질문에 답을 하고 의견을 주고 반응하면서 상호작용할 수 있습니다. 어떤 데이터를 가졌는가에 따라 양방향 디지털 불멸 존재는 기본적으로 자신에 대한 전기傳記 데이터에서부터 살아 있는 사람들의 매력적인 대화 파트너가 될 수도 있습니다. 결국 디지털 자아는 매력적이고 좋은 것을, 사랑하는 사람이나 다음 세대에게 남기기 위해 잘 살아가야 할 것을 요구합니다. 생전에 그런 삶을 살면서 남기는 디지털 정보로 인해 디지털 자아 역시 매력적인 사람이 되게 만들기 때문입니다. 그런 점에서 죽음학, 잘 죽는 문제는 곧 잘 사는 문제와 연결이 됩니다.

# 인공지능 시대,
# 애도의 변화

인간이 가진 문화 의식 중에서 죽음을 애도하는 의식만큼 널리 퍼져 있는 것은 없는 듯합니다. 역사적으로나 문화적, 혹은 기술의 발전과 상관없이 죽음과 그에 따른 애도 의식에는 고인에 대한 기억을 공유하면서 집단적으로 슬퍼해야 할 인간의 욕구가 드러나고 있다는 것입니다.

애도는 죽은 자와 살아 있는 자를 연결하는 관계의 경계에서 일어납니다. 애도 의식이 잘 이루어져야 하는 이유가 여기에 있습니다. 죽은 자를 떠나보내는 일이 성공해야 살아 있는 자가 자신의 삶으로 잘 돌아올 수 있습니다. 주목해야 할 것은 부재와 남은 자가 현실로 돌아옴의 경계에서 애도의 방식이 결정될 수 있다는 것입니다. 유교의 영향력 아래 살았던 시대에 아들은 부모님의 묘 곁에 초막을 짓고 3년 상을 치르며 애도의 시기를 보냈습니다. 이렇듯 우리 선조들로서는 3년의 시간이 흐른 후에야 자신의 생활로 돌아올 수 있었던 것이지요. 그 후에도 다양한 방법으로 치러진 제사를 통하여 남은 자는 자신의 삶으로 돌아올 것인지 아니면 계속해서 죽은 자를 마음속에 붙들고 살 것인지 결정해야 하는 시간을 가졌다고 볼 수 있습니다.

디지털 기술의 발전에 따라 고인의 장례와 애도의 방식에도 큰 변화가 생겼습니다. 예를 들어 카톡이나 페이스북과 같은 소셜 네트워크를 통해 가족 구성원과 친구에게 국한되지 않고 더 광범위한 커뮤니티 내에서 공개 또는 비공개의 새로운 방식에 의해 조의를 표할 수 있게 되었다는 것입니다.

약 5만 년 전 남부 프랑스의 동굴에서는 네안데르

탈인들이 죽은 동료의 신체를 훼손하지 않도록 세심한 주의를 기울이며 묻었습니다.[55]

반면 이 시대는 디지털 문명을 사용하던 사람이 죽은 후 그가 사용한 온라인 정보들이 디지털 유산이 되어 무기한으로 존재할 수 있게 되었습니다. 고대 로마인들은 사람이 집에서 죽으면 친척들이 모여 망자의 이름을 부르며 슬퍼하며 애도했습니다.

과거나 지금이나 애도 의식의 유사점은 죽음이 일종의 고립과 통합을 가져온다는 것입니다. 죽은 자를 애도하기 위하여 모일 때 그들은 사회적으로 고립됩니다. 다른 한편 애도 의식을 통하여 죽은 자를 기념할 때 그들은 망자를 중심으로 통합됩니다. 죽은 자를 떠나보내는 경계에서 남은 자들은 고립과 통합이라는 현실로 돌아오는 것입니다. 애도는 감정적으로 사람을 마비시킬 수 있을 정도로 가혹한 감정을 경험하게 합니다. 그럼에도 고인의 삶을 기림으로써 친밀하지만 반대로 상처를 받기도 하는 방식으로 다른 사람들과 연결될 수 있는 기회를 제공합니다.

종종 사회적으로 주목을 끄는 사건이나 인물의 죽

음에는 소셜 네트워크 서비스를 통한 애도의 방식이 나타납니다. 온라인에서 자신을 공유하고 표현하는 것에 익숙한 사람들에게는 그 사람의 죽음으로 인해 영향을 받는 사람들 사이의 상호 작용이 증가할 것이라고 추론할 수 있습니다. 사회적 이슈로 인한 희생자들 때문에 사람들은 각성 또는 추모의 형태로 모이기도 합니다. 이는 물리적 거리와 상관없이 사람들이 소셜 네트워크를 통해 집단적으로 애도하는 것입니다. 2007년 버지니아 공대 총격 사건의 여파로 시작된 페이스북의 고인을 기리기 위한 사망 기사 및 모금 행사에 대한 링크, 삶을 기념하는 사진 및 동영상, 추도식 이벤트 정보를 쉽게 공유할 수 있는 방법의 제공은 이러한 형태의 상호 작용을 장려했습니다. 또한 페이스북은 사람들이 사망한 후 소셜 프로필을 기억할 수 있도록 하는 장치를 만들었습니다. 충격적인 사회적 사건으로 인한 집단적인 정서적 표현으로서의 비탄과 디지털 상호작용 환경의 변화를 이용하여 비탄을 해소하는 과정은 애도 문화에 영향을 끼쳤습니다. 소셜 네트워크 서비스들을 통하여 고인이 존재하지 않아도 희망한다면 개인의 개인 정보 보호 설정의 옵션 선택에 따라 친구와 가족은 사랑하는 사람의 타임 라인에서 계속해 추억을 공유할 수 있습니다.

인간은 사회적인 동물이라고 말하듯이 죽음 역시 육체적이지만 사회적 요소를 갖고 있습니다. 그렇기에 개인의 죽음에서 질병을 앓거나 불치병으로 죽는 경우에는 그 개인의 사회적 관계망에 큰 영향을 미치게 됩니다. 마찬가지로 사별bereavement은 함께했던 배우자와 공유하던 사회적 참여 내용을 재구조화 하는 것을 수반합니다. 인터넷과 SNS가 발전하기 전에는 이 같은 재구조화는 죽음학의 중요 주제였습니다.

인터넷과 SNS의 발전은 이 같은 비통한 정서적 느낌의 표현 방식이나 애도, 그리고 사별에 따른 사회적 재구조화에 많은 영향을 끼칩니다. 그리고 남은 가족이나 친지들 친구들의 행동 양식에도 변화를 가져옵니다. 과거에는 기든스Giddens 등이 주장한 것처럼 죽어가는 사람들은 병원이나 호스피스, 또는 죽고 난 후에는 공동묘지와 같은 특별한 장소에 격리되어 있어 살아 있는 사람들이 갖는 생활의 일상적인 흐름을 방해하지 않았습니다. 그러나 페이스북이나 SNS 등에서 추모 페이지가 열리게 되면서 죽은 사람의 사진이나 죽은 사람과의 대화, 애도자의 감정 등이 표현될 수 있는 디지털 공간으로 일상의 일부가 되었기 때문에 과거처럼 완전한 이별이 이루어지지 않습니다. 즉, 인터넷이 죽음이나 애도를 여전히 현재 진행형으로 만들어 가고 있기 때문입니다.

| 라이프 사이클 | 실제 세상 | 가상 세계 |
| --- | --- | --- |
| 출생 | 출생과 함께 개인의 정체성 획득 | 가상 환경에서 계정을 만듦으로 탄생 |
| 삶을 살아감 | 타인과의 의사소통, 상호작용, 정보의 재생산과 소비 | 디지털 커뮤니케이션 형태로 등록, 기억장치에 저장됨 |
| 죽음 | 가상 세계의 사용자나 소유주로서 의사소통이 불가능함 | 디지털 유산, 기억장치 및 공유된 감정의 흔적을 남김 |

**실제 또는 가상 세계에서의 라이프 사이클**

비탄과 애도가 죽음의 사회적 구조 내에서 경험되는 것[56]임을 생각할 때 인공지능 시대에 있어 달라지는 인간과 컴퓨터 간의 인터페이스 환경으로 인하여 SNS

를 통한 애도의 방향도 영향을 받을 수밖에 없을 것입니다. 위의 표에서와 같이 실제 세상과 가상 세계에서의 삶의 사이클은 디지털 기술이 애도의 표현 방법에 어떤 영향을 가져올지를 분명하게 보여줍니다. 비록 죽은 사람과는 의사소통이 불가능하지만 가상 세계에서 고인을 알고 있는 사람들이 얼마든지 가상 세계를 통하여 애도하며 감정을 공유할 수 있을 것입니다.

# 죽음 불안을 선용한
# 디지털 블로거

디지털 시대의 특징 중 한 가지는 SNS를 사용해 온라인에서 다양한 사회적 관계를 유지할 수 있다는 것입니다. 하루라도 카톡 대화 없이 사는 것은 상상하기 어려운 현실입니다. 마찬가지로 치료될 수 없는 질병을 앓는 이들에게 있어서 죽음에 이르기까지 병상에서 자신을 사회와 연결시켜줄 수 있는 SNS는 고독의 순간들을 이기게 하는 좋은 의사소통 통로가 됩니다.

2016년 2월 1일, 25살 된 드미트리 파노프Dmitrij Panov라는 독일 사람은 자신의 블로그에 '저는 곧 죽을 것입니다.'라고 하면서 그해 6월 9일 죽기까지 치료와 그 과정에서 느끼는 점들을 블로그에 글과 사진으로 남겼습니다. 그전에 스티븐 수톤Stephen Sutton이라는 17살의 영국 청년은 2013년 말기 암의 상태에 있으면서 자신의 상황을 블로그를 통해서 알리기 시작했습니다. 그는 자신의 '동기와 열정'을 알리면서 희망 리스트에 1만 파운드를 모금해 영국의 십대들을 위한 암 기금에 기부하겠다는 계획을 알렸습니다. 그는 페이스북과 트위터 등과 같은 사회관계망을 통하여 삶과 죽음의 실제적이고도 긍정적인 면을 부각하였는데 나중에는 100만이 넘는 페이스북의 '좋아요'와 20만이 넘는 트위터 팔로워가 생겼습니다. 그의 사후에 트위터 팔로워가 8,000명 정도 줄어들기는 했지만 페이스북의 '좋아요'를 누른 사람은 39만 명이나 증가했습니다. 그리고 모금된 기금은 무려 430만 파운드에 달했습니다.

　　죽어가는 자신을 감추는 것이 아니라 오히려 죽음에 이르기까지 그것을 알리는 목적은 무엇일까요? 스티븐 수톤은 블로거이면서 자선기금 관련 행동가로도 알려졌는데 그가 블로그에 글을 남기는 과정을 통하여 암

투병과 소셜 미디어의 파워를 활용하는 리더십의 모범을 보인 것으로 평가받았습니다. 일반적으로 블로그의 주요 주제들로 여행이나 음식, 패션 등과 같은 인생에서 재미있는 요소들이 많은 부분을 차지합니다. 2020년 자료에 의하면 미국에서 활동하는 블로그의 수가 약 6억 개에 하루 500만 건의 기사가 업데이트 된다고 합니다.

이러한 현상 때문인지 암에 걸리거나 질병으로 치료받는 환우들이 그 기록을 블로그로 옮기는 것도 늘어나고 있습니다. 특이한 점은 과거에는 유럽이나 미국과 같은 서구 사회에서 죽음은 가정이나 병원을 통하여 조용히 치러지는 익명성과 사적인 영역으로 간주되어 공공연하게 알리지 않는 특징을 지니고 있었습니다. 그러다 최근에는 인터넷 블로그 형식으로 자신의 투병 상황이나 죽음에 이르는 과정을 공공연하게 드러내는 방식으로 변화된 것입니다. 원래 사람들은 죽음에 관하여 언급하는 것은 회피하고 불치병에 걸렸을지라도 그것을 치유할 방법을 찾아내는 것에 더 노력합니다. 그럼에도 불구하고 블로그를 통하여 자신을 대중에게 노출함으로써 자신과 타인은 어떤 영향을 받게 될까요?

먼저 생각해볼 것은 사례로 본 수톤이나 파노프의 경우처럼 블로그는 불치병을 앓고 있는 삶, 중병을 앓고 있는 삶, 삶의 마지막 단계에 직면하는 방법에 대한 독특한 통찰력을 제공할 수 있다는 것입니다. 죽음에 다가가는 기록으로써 블로그는 인간 존재에 대한 실존적인 문제를 깨닫게 하고 우리 자신의 죽음을 돌아볼 수 있게 합니다.

또한 블로거가 죽음에 대해 이야기하고 자신의 상태와 관련시키는 방식은 죽음을 의미 있는 방식으로 말하고자 하는 현대인의 어려움에 관한 지그문트 바우만 Zygmunt Bauman의 '죽음 불안Death Anxiety'[57] 이론을 거스르는 것입니다. 이 이론은 인간 사망의 불가피성 때문에 비롯된 지식으로부터 두려움, 우려, 불안을 의미합니다. 이로 인하여 사람들은 죽음이라는 주제를 피하고자 합니다. 오히려 죽음 대신 죽음을 방어하거나 연기하는 주제에 더 주목하게 됩니다. 이런 현상은 어떤 질병과 연관되어지면 블로그를 통하여 죽음을 말하기보다 그것이 사망 원인이 되지 못하도록 대안을 찾는 IT 기술을 사용하게 하기도 합니다.

그렇지만 불치병을 앓으면서 죽음에 이르는 기록을 남기는 블로거들은 인간의 유한성과 죽음에 대해 인간의 언어가 얼마나 한계적인지 그 어려움을 토로합니다. 이런 상황에서 소셜 미디어를 통해 네트워크 되어 있는 사람들은 공감을 표현하는 한편 죽음이 실현되는 과정을 보면서 누구나 가지고 있는 삶과 죽음이라는 실존적 불안을 다루는 새로운 방법을 찾습니다.

# 상실을 극복하는
# 네트워크 형성 [58]

 

사랑하는 사람을 죽음으로 잃는다는 것은 커다란
비탄에 빠지게 되고 절망을 경험하는 자연스러운 현상
입니다. 퀴블러 로스가 말한 바와 같이 죽음에 따른 비
탄이 단계적으로 진행되는 감정적 상태라면 그런 단계
들을 통하여 비탄의 상태에 처한 사람이 회복되도록 돕
는 것이 필요합니다. 자칫 비탄이 낭비되는 시간이거나
또는 사회적 삶에 있어서 중단을 가져오는 불안정한 상
태라는 인식은 상실에 따른 적절한 비탄의 시간을 넘어
설 수 있습니다.

2003년 55세의 베트남 목수인 르반Le Van의 아내가 사망했습니다. 상심한 그는 아내의 무덤을 파고 그녀의 몸을 진흙으로 만들어 그녀 옆에서 5년을 보냈습니다. 르반의 이야기는 심리적 불안 상태에서 죽은 자를 보내지 못한 마음과 놓아주려고 하는 마음의 내면적 싸움을 보여주는 사례가 됩니다. 슬픔에 빠진 사람들을 상담하는 사람들에 의하면 슬픔에 잠긴 많은 사람들이 비석, 항아리, 성지와 같은 고인이 된 사람을 대표하는 것들에 감정적으로 연결을 느낀다고 합니다. 유품을 통하여 그 현상을 놀라울 정도로 새로운 차원으로 끌어올릴 수 있다는 것입니다.

고인은 흔히 보아왔던 아날로그 유품들을 남길 수 있습니다. 그러나 인공지능 전문가들은 앞으로 고인이 된 사람의 두뇌를 정보화하여 디지털 사본으로 완성된 합성 로봇에 사용해 고인의 두뇌를 복제하는 수준의 '디지털 존재'로 만드는 날이 올 것으로 예측합니다. 즉 뇌와 감정이 살아있는 상태로 유지된다고 생각할 수 있습니다. 그렇게 되면 사랑하는 사람을 떠나보낸 슬픔이 '디지털 존재'로 남을 수 있게 됩니다. 이러한 경우에 전

통적으로 상실에 따라 겪어야만 했던 슬픔이 줄어들까
요?

　이러한 미래학자들의 전망이 아니라도 온라인을 통
하여 이루어지는 가상 세계는 사별에 따른 슬픔을 극
복하는 많은 기술적인 지원을 제공합니다. 대표적인 것
이 '온라인 슬픔'이라는 이름으로 불리는 소셜 미디어를
통한 지원과 애도하는 사람과 위로하는 사람들이 고인
과 사별이나 상실에 관한 이야기를 나눔으로 죽음을 이
해하고 받아들이는 것을 도울 수 있습니다. 서구에서의
죽음이 일종의 격리나 개인적인 사건으로 여겨지던 것
을 넘어 사회적 관계망 속에서 훨씬 적게 고립되는 경험
을 제공하는 데 있어 큰 도움이 됩니다.

　그런 의미에서 페이스북과 같은 웹 플랫폼에서 사
용자가 죽고 난 후에도 고인의 계정을 살려 '추모'할 수
있도록 하는 것은 슬픔을 위로할 수 있는 좋은 방법입니
다. 앞서 말한 르반처럼 고인의 몸을 만들어두거나 고인
의 신체, 소장 보석류, 의복 또는 묘비와 같이 전통적인
애도 대상을 대체하는 방법으로의 사회 관계망 서비스
를 유지하는 것은 사별한 사람에게는 비록 온라인 공간

이지만 정서적으로 공감하는 커뮤니티와 친구들로 인하여 상실을 치유하는 좋은 공간이 됩니다.

이런 온라인 추모 공간은 장례식장에 한 번 다녀오는 것 이상으로 교육적인 기능이 있습니다. 즉 고인의 애착이 담긴 어떤 물건을 보며 추억하고 애도하는 아날로그 방식과 달리 디지털 형태로 표현된 사진, 동영상, 글 등은 더 생생하게 고인을 기억하며 집에서도 자주 또는 자유롭게 다른 사람들과 함께 나눌 수 있고 죽음에 대하여 생각하는 공간을 제공해줍니다. 장례식장에서 유족이나 조문객들과 대면하여 나누는 조심스러운 대화가 아닌 깊이 있는 정서적인 대화도 가능하도록 제공합니다. 연구에 따르면 슬픔 가운데 페이스북을 사용하면 다른 사람과의 관계에 긍정적이거나 중립적인 영향을 미친다고 합니다.[59]

그러한 이유로 상실을 겪은 이후에도 사람들이 사회적 관계망을 통하여 사회적 연결 도구인 SNS를 선택하는 이유를 쉽게 이해할 수 있습니다. 심지어 고인을 거의 알지 못하는 개인조차도 이런 방식의 추모를 통하여 여전히 유대감을 느낌으로 더욱 확장된 상실에 대한 지원 네트워크를 형성한다고 합니다.

페이스북의 연구에 의하면 사별한 많은 사용자들은 정기적으로 또는 사별 기념일 또는 특별한 날에 상실을 기리기 위해 사진과 비디오를 게시한다고 합니다. 그렇게 하면 사회관계망에 속한 살아 있는 사람들이 그들의 상실을 함께 슬퍼하고 있다는 것을 공감하고 위로가 되어 사별한 사람이 슬픔을 이겨나가는 과정에 큰 도움이 된다고 합니다. 또한 이러한 상실에 대한 개인적인 경험을 사회관계망을 통하여 공유하는 것이 긍정적이었다는 보고와 함께 자신들도 언젠가 다른 사람이 겪게 될 유사한 상실을 돕고 싶다는 의견이 많았습니다.

죽음이라는 피할 수 없는 과정과 누구든 비슷한 같은 과정을 겪는 것을 여러 번 지켜보면서 자연스럽게 죽음에 대한 의식에 눈을 뜨게 됩니다. 또한 마음의 준비를 할 수 있도록 한다는 것은 사회적 관계망을 통한 애도나 추모가 가져오는 새로운 방식의 놀라운 결과입니다. 소셜 미디어가 일상화되어 있는 오늘날 죽음이라는 과정이 사랑, 슬픔, 죄책감과 같은 복잡한 감정을 어떻게 다루어야 할 것인가에 대한 새로운 차원을 만들어내고 있다는 것입니다. 고인의 죽음을 중심으로 살아 있는 사람의 사회적 유대가 더욱 공고해지는 공간은 '죽음'이 가져올 수 있는 또 다른 혜택이라고도 할 수 있습니다.

# 죽음 과정을 체험하는
# 디지털 기술

　사람들은 인생이 다시 주어지기를 원합니다. 특히 나이가 들어가고 인생이 노년에 이르면 지난날의 향수와 회환으로 한 번 더 살아봤으면 하는 소원을 자연스럽게 갖게 됩니다. 관을 만들어 보는 과정을 통하여 삶의 마지막을 체험해 본다면 죽음을 생생하게 느끼고 남은 삶을 사는 태도가 바뀔 수 있을까요?

　자신이 들어갈 관을 직접 짜서 그 속에 들어가 보는 경험은 매우 충격적일 것입니다. 뉴질랜드의 '키위Kiwi 관을 제작하는 클럽'에서는 시니어들이 죽음을 잘 맞을 수 있도록 대면하고 여생을 즐겁게 지낼 수 있게 자신의 관을 직접 만들어 보는 프로그램을 보유하고 있습니다. 이 클럽 회원들은 삶을 축하하고 독특한 개성을 강조하기 위해 자신만의 맞춤형 관을 만들고 장식한다고 합니다. 죽음은 아주 자연스러운 것이므로 두려워하기보다 삶의 일부로 받아들이는 것, 그것이 이 클럽에서 추구하는 관을 만들어 보게 하는 목적입니다. 관을 만드는 과정은 단순히 죽음을 이야기하는 것의 금기를 깨는 것을 넘어 노년기에 많은 사람들이 경험하는 스트레스와 고립감을 무너뜨릴 수 있다고 합니다. 회원들 간에 이루어지는 솔직한 대화, 가족을 돌아보게 하고 미래를 대비할 수 있는 연대 의식은 죽음에 대한 더 건강한 접근 방법을 제시합니다. 이런 연대 의식을 가질 기회가 주어지지 않고 삶이 끝날 때 외롭거나 두려워 할 수 있는 사람들도 크게 도움을 받을 수 있기 때문입니다.

관을 제작하는 것과 같은 아날로그 방식처럼 디지털 세계에서도 미리 죽음을 경험해 보게 하려는 노력도 있습니다. 즉 가상현실이라는 디지털 기술을 이용하여 만들어진 Second Chance는 가상현실이 주는 현장감과 몰입감을 적용하여 죽음을 이해하도록 돕기 위해 대화형 경험을 제공하는 콘텐츠입니다. 알려진 콘텐츠의 내용으로는 가상현실 콘텐츠 장치를 통하여 사후에 만나는 영적인 세계라고 하는데 이를 체험해본 사람들은 죽음을 두려운 사건으로 보지 않고 더 잘 받아들이게 되었다고 합니다. 이렇게 자기 죽음을 미리 체험하는 것은 사람들의 죽음에 대한 태도에 어떻게 영향을 미치는 것일까요?

임사 체험이 있는 많은 사람들은 자신의 삶에 대한 새로운 시각을 가지고 떠난다고 합니다.[60] 임사체험臨死體驗, near-death experience, NDE은 죽음에 이른 상태를 느끼는 체험입니다. 거의 죽음에 이르러서 경험한 것을 의식을 돌아온 후 보고하는 것입니다. 임사체험은 인류사 여러 부분에서 보고되어 왔으며 평생 죽음에 대한 연구를 통해 내세가 있다는 것을 확신하였었던 퀴블로 로스도 임사 체험에 대해 흥미를 가졌었습니다. 그녀는 1976년 초 캘리포니아로 이주하여 이 주제를 탐구하였고 그곳에 치료 센터, '최후의 평화의 집Shanti Nilaya'를 설립해 '죽음과 사후의 삶Death and Life after Death'이라는 제목의 새

강연을 개발하기도 하였습니다, 퀴블로 로스와 아울러 1975년 레이몬드 무디Raymond Moody가 그의 저서 〈생 이후의 생Life After Life〉을 출간하였으며 그는 임사체험이라는 용어를 처음 만든 사람이기도 합니다. 그의 저서에서 50명의 개별 사례가 소개됨으로써 임사체험에 대한 대중적인 논의와 과학적 접근이 시작되었습니다. 이러한 임사체험을 바탕으로 한 연구진이 개발한 가상현실 콘텐츠는 각 참가자가 가상의 몸을 제어할 수 있도록 하고 가상의 공간인 경치 좋은 섬에서 어린 시절부터 출발하는 시뮬레이션으로 구성되었습니다. 현실에서처럼 시간이 지남에 따라 참가자는 두 명의 동료와 함께 섬을 탐험하면서 나이를 먹도록 설계 되었는데 그 과정에서 두 명의 동료가 섬에서 죽게 되고 마지막에는 자신도 죽게 되는 것을 목격하도록 만들어졌습니다. 이 같은 가상의 상황을 체험하고 난 뒤에 실험에 참가한 사람들은 물질적인 삶의 태도가 변화되었고 타인과 글로벌 이슈에 더 관심을 갖게 되었다고 보고되었습니다.

죽어가는 사람들을 위한 가상현실의 사용도 확대되고 있습니다. 말기 환자나 치매를 앓고 있는 사람들에게 이런 기술이 적용되고 있는데 영국의 한 자선 호스피스 기관에서는 베네치아의 곤돌라를 타는 콘텐츠나 야생마를 타고 아이슬란드를 질주해 자바해 건너기, 스카이다이빙의 체험 등을 침대에 누운 채 가상현실을 이용해 경험하도록 하고 있습니다. 이런 기술을 사용하는 목적은 잠시라도 신체의 고통을 잊게 하고 죽음이 모든 것이 아니라는 생각을 할 수 있게 하고자 하는 것입니다. 가상현실이 가진 신체의 한계를 벗어나는 죽음에 이르는 사람으로 하여금 주기적인 통증 대신에 아름다운 풍경을 보게 하여 통증을 잊도록 도와줄 수 있습니다. [61]

관을 제작해 보거나 가상현실을 통하여 임사 경험이나 사후의 세계를 경험하게 해보는 것은 지금까지의 연구 결과만 가지고도 삶에 대한 태도를 바꿀 수 있다는 것을 말해줍니다. 발전하는 기술들을 이용하여 인생에 언젠가는 죽음이라는 과정이 존재한다는 것이 더 잘 이해되고 회피보다는 직면하도록 돕는 것은 바람직한 삶을 위한 긍정적인 변화 요인이 될 것입니다. 거기에서 더 나아가 가상현실 기술의 진전에 따라 현실과 비현실이 완전히 희미해지는 상황을 임종 시에 제공하는 것은 좋은 죽음을 위한 한 요소가 될 수 있을 것입니다.

싸나톨로지 *Thanatology* ★ 죽음 과정을 체험하는 디지털 기술

# 로봇과 맞이하는 임종

　노후의 문제 중 한 가지는 '임종을 누구와 맞이할 것인가?'라는 것입니다. 끝까지 옆에서 돌봄을 줄 수 있는 가족이나 친지, 친구가 있으면 좋겠지만 많은 시간과 노력이 필요한 그런 환경을 만나는 것은 점점 어려워지는 것이 현실입니다. 호스피스 돌봄은 1967년 영국의 간호사 시실리 손더스<sup>Cicely Saunders</sup>에 의해 처음 시작되었는데 그녀는 자신이 세우는 새로운 돌봄 기관의 역할이 임종을 맞이하는 사람에게 인간의 손길로 제공되는 모든 친절과 관심으로 가정과 같은 환경의 진정 요법을 제공하는 것이라고 믿었습니다. 손더스가 꿈꾸었던 호스피스 사역은 고령층 인구가 급증하면서 임종 돌봄에 대한 사회의 접근 방식에 근본적인 변화가 일어나고 있는 오늘날 실제적으로 도입하는 데 많은 한계를 가지고 있습니다.

고령화가 가장 급속하게 일어나고 있는 나라는 일본과 한국이지만 전 세계적으로 2050년이 되면 60세 이상의 노령 인구는 20억 명 이상이 될 것이라고 예측합니다. 일본의 경우 2025년경에는 호스피스 돌봄을 제공하기 위해 필요한 자원의 수요가 약 38만 명에 이르는데 막대한 비용과 인력을 구하는 문제가 심각하다고 합니다.[62] 우리나라의 경우는 OECD 국가 중 노령 인구 증가가 가장 빠르게 이루어지고 있으면서 노인종합 돌봄 서비스는 2007년에야 도입되었습니다. 그리고 2008년 노인 장기요양보험제도가 도입되어 우리나라의 양대 공적 노인장기요양서비스로 역할을 하고 있습니다. 통계청 자료에 의하면 2035년에는 독거노인 가구가 약 343만 가구에 이르고 전체 1인 가구 중 독거노인 가구가 차지하는 비율이 45.0%에 이를 것으로 예상하

고 있습니다.[63]

죽음에 이르기 오래 전부터 외롭게 삶을 보내야 하는 문제는 자연스럽게 죽음을 맞이하기에는 너무 어려운 상황이 되어 가고 있습니다. 머지않은 장래에 고독사孤獨死 등 홀로 사는 노인 문제가 심각한 사회 문제로 부각될 가능성이 크다는 예측들이 많습니다. 서비스를 제공받을 노인들의 문제도 심각하지만 서비스를 제공하는 돌보는 사람들의 고충도 여러 가지가 지적되고 있습니다. 그 가운데는 여성 노인돌보미의 안전 확보 문제가 있습니다. 자주 뉴스를 통하여 남성 독거노인 방문 시 노인돌보미가 경험하는 성희롱이나 폭력 문제, 노인을 방문한 자녀들로부터 당하는 부당한 대우와 폭언 등으로 인한 고충이 전해지고 있습니다.

이러한 이유로 사람에 의한 돌봄 서비스의 어려움은 로봇의 대체로 향합니다. 이런 노력에 단연 앞서가는 나라는 일본입니다. 일본은 2013년 통산산업서의 국가예산의 1/3이 AI 기반 '돌봄 로봇'에 할당될 정도로 열심입니다. 개발하고자 하는 로봇은 환자나 노인뿐만 아니라 죽어가는 사람들을 돕고 모니터링하며 동반자 관계를 제공하도록 설계된 로봇입니다. 죽어가는 사람들을 돕는 로봇에는 어떤 기능들이 있을까요? 음식을 입에 가까이 해주는 로봇, 침대에서 화장실로 몸을 들어 옮겨주는 것이나 욕조에서 씻는 것을 돕는 로봇도 있습니다. 노령기에 겪는 근육의 손실을 보완하는 입는 옷 형태의 보조기구, 약 먹는 시간을 알려주고 대신 전화를 받아주는 로봇도 있습니다. 게다가 노년의 외로움을 달래주는 동반자 로봇, 강아지의 짖는 소리를 내는 로봇, 반응이 없으면 119 응급구조대에 전화해 주는 로봇, 죽고 나면 불교식의 장례를 집전하는 승려 역할을 하는 로봇도 있다고 합니다.

온갖 참신한 기능으로 사람을 돕는 로봇들이 있다고 해도 과연 사람의 체온을 느끼면서 도움을 받으며 죽음을 맞이하는 것에 비할 수 있을까요? 아무도 모르게 고독사한 사람의 소식을 이따금 들을 때마다 우리는 마음에 씁쓸함을 느낍니다. 싸나톨로지에서 말하고자 하는 인간의 존엄을 갖춘 죽음은 분명 기계 로봇에 둘러싸여 죽는 것은 아닐 것입니다. 그럼에도 불구하고 많은 사람들이 요양원에서 외롭게 죽어갈 수 있고 죽음을 아무도 모르고 있어 뒤늦게 발견되기도 합니다. 이것은 비단 우리나라뿐만 아니라 노령화가 급속히 진행되고 있고 산업화된 나라의 경우에 오히려 더 빈번하게 나타나는 현상입니다. 일본에서 혼자 죽어가는 노인의 수는 매년 3만 명 정도라고 합니다.

의학이 발전하여 수명 연장의 기술도 빠르게 진전되었지만 그 이면에는 오히려 죽음에 이르게 되는 시간이 점점 더 오래 걸리고 고통스러운 경험이 증가한다는 점도 있습니다. 이것은 로봇을 통한 돌봄을 뛰어넘는 죽어가는 과정에 더욱 미묘하고 섬세한 돌봄이 필요하다는 것을 의미합니다. 미국에서 호스피스 종사자의 대부분은 여성 이민자들입니다. 이들은 사회에서 비교적 지위가 낮고 평범하지만 가장 가치 있는 노동을 수행하는 사람들입니다. 죽어가는 환자를 돌보면서 고통과 다투는 환자를 진정시키거나 음식을 섭취하는 데 도움을 주거나 환자의 구토와 대변을 청소하는 복잡하고 현실적인 일들은 로봇으로 대체되기에는 너무 많은 손길을 필요로 합니다. 이 때문에 인공지능 시대에 새로운 기술을 바라보는 싸나톨로지의 관점은 기계가 사람을 대체할 수 없다는 것입니다. 로봇이 몇몇 기능은 대행할 수 있을지 몰라도 사람의 손길만큼 섬세하기에는 여전히 로봇 기술이 가야 할 길은 멀다고 할 수 있습니다.

따라서 로봇이 사람을 돌보는 섬세한 일을 대체할 수는 없지만 임종 돌봄 영역에서 인간 돌봄 서비스 종사자를 도울 수는 있을 것입니다. 무거운 사람을 화장실로 옮겨주고, 목욕할 때 환자를 도와주는 로봇의 가능성은 그런 점에서 돌봄 종사자와 환자 모두를 위해 호스피스 산업을 개선할 수 있는 잠재력을 가지고 있음을 보여줍니다. 그러나 기계가 노인과 환자의 정서적, 영적 요구를 충족시키기까지 발전하는 것은 쉽지 않아 보입니다. 사람이 관계 지향적 존재라는 특징을 가지고 있고 죽어가는 사람일수록 더 많은 돌봄을 필요로 합니다. 그런 점에서 로봇 기반 돌봄 서비스를 제공함으로써 오히려 사람과의 상호작용을 줄이게 된다면 이것은 심각한 윤리적 문제를 내포하게 됩니다.[64]

예를 들면 알츠하이머와 같은 질병은 인간 간의 사회적 상호 작용이 박탈된 사람들에게서 발생할 가능성이 더 높다고 하며 이 경우 간병이나 돌봄 로봇을 더 많이 사용할 원인이 될 수도 있습니다. 그런 점에서 로봇이 발전할수록 사회적 문제가 되고 있는 '인간의 소외' 문제를 고려할 필요가 있습니다. '로봇이 노인의 인간 접촉 기회를 줄이지 않게 하는' 방법으로 간병인이나 돌봄 서비스를 제공하는 사람과 함께 일하도록 하는 것입니다. 환자를 돌보는 사람이 최선의 서비스를 제공할 수 있도록 보조적 기능을 제공하고 간병인은 임종을 맞는 사람으로 하여금 삶의 질을 저하시키지 않는 돌봄을 제공하게 하는 방식으로 함께 일하게 하는 것입니다. 임종의 시간을 맞이하는 사람들이 절대적으로 필요로 하는 것은 사람입니다.

# 인공지능이 전하는
# '얼마 남지 않았습니다'

　불치병으로 죽음이 임박할 때, 의사는 환자에게 조심스럽지만 죽음을 어떻게 준비하도록 할 것인가를 말할 필요를 느낍니다. 그러나 이런 대화는 사람 사이 대화중에서 가장 어려운 일입니다. 의사의 입장에서는 여러 가지 의료적인 측면을 살펴보고 신중하게 대화를 해야 하고 듣는 환자나 가족의 입장에서는 새로운 가능성의 문이 닫히는 것 같은 참으로 고통스러운 순간이 되기 때문입니다. 품위 있는 죽음을 희망하는 환자나 가족에게 더 이상의 의료가 의미 없다고 할 때 완화 의료에 대한 이야기를 나눈다는 것은 이미 의료적인 측면에서 더 이상의 수단을 포기한다는 것과 같기 때문에 의사와 환자의 경우 임종에 대한 대화가 시작되어야만 그런 결정이 가능하게 됩니다.

어느 환자가 이제는 '얼마 남지 않았습니다.'라는 메시지를 듣기 원하겠습니까? 이런 대화를 해야 하는 의사나 환자 모두 참으로 어려운 시간을 통과해야 하며 또한 시기적으로 너무 늦지 않아야 하겠지요. 환자는 의료 제도 속에서 약자의 위치에 있다고 할 수 있습니다. 먼저 자신의 질환에 대하여 정확히 알지 못한다고 하더라도 본인으로서는 치료 능력이 부족하기 때문에 의료 제도에 의존해야 하는 입장입니다. 더욱이 말기 암 환자이거나 치료가 어렵다는 것을 아는 환자라면 언제든 치명적인 검사 결과에 직면할 가능성이 있습니다. 그에 비하여 의사는 질환과 관련된 전문적 지식과 환자와의 대화를 통하여 진단 및 의료 처방을 내리는 권한을 갖고 있으므로 환자에게 불안하고 두려운 감정을 전하기 쉽습니다. 그럼에도 불구하고 의사 역시 '이제 마지막을 준비하시라.'고 이야기하는 것은 어려운 일입니다.

이같이 어려운 대화를 인간이 아닌 인공지능의 도움을 받아 해결하는 기술이 개발되고 있습니다. 환자의 상태에 대한 적절한 판단은 의사의 몫이지만 여러 가지 의료적인 데이터를 이용하여 환자의 예후를 판단하고 완화 의료로 전환하는 시기를 예측해주는 인공지능 기술이 개발되고 있습니다. 이 연구는 미국의 버몬트 대화 연구실Vermont Conversation Lab에서 진행된 것으로 밥 그램링 Bob Gramling 교수 연구팀은 죽어가는 환자, 가족 및 의사가 치료 종료, 통증 관리, 임박한 죽음에 대해 어떻게 이야기하는지에 대한 연구를 시작했습니다.

각 환자마다 다른 특징들이 있었지만 231명의 완화 의료 중인 환자들과 의료진, 가족들이 나눈 약 1만 2,000분 이상의 대화와 120만 단어 등이 포함된 데이터베이스를 구축했습니다. 그 자료들을 기반으로 이런 최종적인 상황에서 이루어지는 의사와 환자와 가족 구성원이 상황을 이해하게 만드는 대화의 특징을 찾기 시작했습니다. 이 연구에서의 핵심 포인트는 환자와 의사가 나누는 대화중에 나타나는 침묵의 시간을 포착하는 것이었습니다. 대화중에 침묵이 나타난다는 것은 의사와 환자 사이에 사적으로 교감이 일어나는 것이며 이는 곧 감정적인 연결의 순간도 함께한다고 본 것입니다.

머신러닝 기술과 자연어 처리 기술을 바탕으로 이들이 발견한 것은 이런 상태에서의 대화는 과거에 대한 이야기에서 미래에 대한 이야기로 그리고 더 슬픈 감정에서 더 행복한 감정으로 진행되는 경향이 있다고 합니다. 대화 시작 초기에는 증상에 대해 이야기하다가 중간에는 가능한 치료의 선택에 대해, 마지막으로 예후에 관해 진행되는데 '할 수 있다', '당연히', '할 것이다'와 같은 어떤 소망과 결단으로 진행되는 특징을 갖고 있다고 합니다.

인공지능의 알고리즘과 빅데이터를 이용하면 죽음이 임박해지기 전 의사는 환자와의 대화에서 나타나는 특징을 이용하여 '마지막을 준비하셔야 한다.'고 말할 수 있는 날이 올 것입니다. 그러나 생의 마지막에 나누는 이런 종류의 신성한 대화들이 측정 가능하고 편리하게 예측되어서 기계화된다면 이것은 결국 본질적으로 무의미한 것으로 지나치게 단순화될 가능성마저 가지고 있습니다. [65]

그럼에도 불구하고 생의 마지막에 대한 담백한 대화가 가능한 인공지능이 있다면 가족들과 마지막 인사를 준비해야 할 시점과 방법을 보다 잘 알게 되어 그런 말을 해야 할 때 느끼는 부담감을 상당 부분 상쇄할 수 있을 것입니다.

# 가상 세계에서의 제 2의 인생

　　가상 세계는 온라인과 세계 어딘가에 위치한 컴퓨터 서버로 이루어지는 세계입니다. 보이지 않는 세계에서 손으로 만질 수 있는 실제는 아니지만 컴퓨터나 스마트폰을 통하여 마치 실제 세계에서 삶을 사는 것과 같은 환경을 제공합니다. 이것을 기술적으로는 세컨드라이프 Second Life라고 부르는데 세컨드라이프에서는 주민들이 아바타라는 가상의 모습을 만들고 다른 아바타, 장소 또는 사물과 상호 작용하는 온라인 세계를 말합니다. 세컨드라이프는 린든 랩 Linden Labs에서 개발한 3D 그래픽 환경입니다. 웹을 통해 접근할 수 있으며 많은 수의 사용자가 동시에 상호 작용할 수 있습니다.

세컨드라이프가 특이한 것은 이 온라인 공간이 단순히 채팅으로 대화하는 수준의 장소가 아니라 거기에 거주하는 주민-아바타-들은 마치 실제 세상에서 이루어지는 것과 같은 삶의 다양한 활동을 추구할 수 있도록 해준다는 것입니다. 서로 이야기하고 만나며 다양한 활동에 참여할 수 있기 때문에 사람들은 실제 세상에서 자기가 되고 싶었던 역할을 하는 아바타를 통하여 '제 2의 인생-세컨드라이프'를 살 수 있게 하는 곳이지요.

그렇다면 그 공간에서 이루어지는 아바타의 죽음에 관해 사람들은 죽음을 어떻게 바라보고 있을까요? 다르게 말하면 가상 세계에서 자신이 구축한 아바타를 통한 제 2의 인생 경험이 현실에서의 삶과 죽음에 대한 개인의 태도를 바꿀 수 있는가 하는 것입니다. 이것은 가상 세계에서의 아바타가 죽을 수 있다는 것을 전제로 하는 것입니다. 일반적으로 디지털 존재-그것이 파일이든 데이터든-는 '삭제'라는 용어로 죽음을 대신합니다. 따라서 삭제하기 전까지는 그대로 디지털 공간에 남아 있게 됩니다. 기억장치에서 완전히 지우기 전까지 말입니다. 그러나 세컨드라이프는 현실 세계를 가상 세계에 그대로 옮겨 둔 것이므로 아바타에게도 죽음이 존재하도록 프로그램이 구축되어 있다면 현실에서처럼 개인의 아바타는 죽음을 맞이하게 될 것이고 그런 아바타를 소유한 사람은 비록 가상공간이기는 해도 현실에서와 같은 죽음에 따르는 감정을 느낄 수 있을 것입니다.

컴퓨터를 통하여 존재하게 되는 세컨드라이프는 인간이 가진 마음 상태에 대한 마음 모델과 아이디어와 환상을 투영할 수 있는 새로운 매체를 제공합니다. 그 공간에서는 실제 세계에서 경험하던 모든 것, 교육, 비즈니스, 부동산 거래, 사업, 오락, 사파리를 거니는 경험 등을 할 수 있습니다. 이 같은 가상공간에서 자신이나 타인의 분신인 아바타가 죽음을 맞이할 때 느끼는 상실이나 비탄 또는 사별과 같은 현실 세계에서의 죽음에 뒤따라오는 모든 미묘한 감정들이 그대로 투영될 것이라고 보는 것이 지극히 정상적일 것입니다. 그렇다면 가상 세계에서도 죽음을 두려워하며 자신과 세컨드라이프를 나누던 사람들이 죽었을 때 실제 세계에서처럼 애도하며 비탄에 빠지는 곳이 될까요? 마거릿 깁슨Margaret Gibson과 클라리사 카든Clarissa Carden은 '가상 세계에서의 삶과 죽음'[66]이라는 글에서 가상공간에서 나타나는 애도에 대한 몇 가지 특징을 기술하고 있습니다.

아바타의 죽음은 그 아바타를 조종操縱하던 사람이 죽는 것을 의미하지는 않습니다. 이와 같은 '첫 번째의 삶-인간의 실제적인 삶'과, '두 번째의 삶-아바타를 통한 삶'이라는 관점은 인간의 물리적인 삶 역시 일종의 2차적인 삶이고 우리가 모르는 '참 자아'가 영원히 죽지 않고 산다는 개념을 말하고 있다고 볼 수 있습니다. 이러한 '진정한 자아'는 우리의 육체적 삶의 상황과 무관하게 존재한다는 담론을 지지할 수도 있습니다. 그렇기에 컴퓨터를 통해 구현되는 가상 세계는 육체라는 현실 세계의 존재를 전제로 하는 가상의 2차 세계-종속된 존재를 만들어내는 것입니다.

세컨드라이프라는 가상 세계에서 구현되는 아바타와 같은 '디지털 육체'는 웹사이트를 통하여 이루어진 가상 세계에서 개인이 지속적으로 참여하고 시간 투자를 함으로써 이루어집니다. 그러므로 온라인에서 보내는 시간과 아바타를 통하여 표현하는 것들이 자신의 육체적인 삶에 따른 많은 경험에 영향을 받았다고 한다면 결국 육체를 가진 물리적인 세계와 가상 세계에서의 차이는 거의 없다고 볼 수 있겠지요.

물리적인 세계에 존재하는 살아 있는 사람이 구축한 아바타가 그와 전혀 다른 인격을 담고 있는 경우는 흔치 않을 것입니다. 그렇기에 깁슨과 카든의 연구에서도 도덕의 중요성을 강조하는 사람은 컴퓨터를 통한 세계에서도 그와 같은 성향을 보인다고 합니다. 이는 단순히 인간이 생각 속의 자기 분신을 컴퓨터를 통하여 아바타 형태로 만든 것이라는 개념을 넘어서 실제 자신이 그 속에 투영된다는 것을 의미한다고 볼 수 있습니다.

그렇다면 세컨드라이프라는 가상공간에서의 죽음은 어떻게 나타나는 것일까요? 두 가지 가능성이 있습니다. 첫째는 아바타 소유주가 죽거나 더 이상 세컨드라이프에 로그인을 하지 않아서 아바타에 어떤 지시를 내리지 않은 상태입니다. 이렇게 되면 디지털 생명체인 아바타는 실제 세계에서의 죽음과 같은 상실의 상태가 될 것입니다. 그런 점에서 세컨드라이프에서는 슬픔의 표현이나 향수를 느끼는 형태로 과거를 회상할 수 있는 아바타의 기능을 구현하고 있고 사람들은 이를 이용하여 자신의 아바타에게 떠난 사람을 그리워하는 인간의 마음을 담아내고 있습니다.

이와 같은 아바타를 통하여 만나는 가상 세계에서 사람들이 어디에 있든 그들의 생각과 마음, 도덕이 담긴 상호작용을 할 수 있습니다. 실제 세계에서는 전혀 만날 수 없었던 사람들을 이 공간에서는 만날 수 있습니다. 지구 반대편에 있는 사람들과 편하게 아바타를 통하여 친밀한 감정을 느끼면서 만날 수 있는데 이러한 연결은 우리의 시야를 넓히고 우리의 삶을 더 좋게 바꿀 수도 있습니다. 이런 경험은 죽음이라는 '상실'에 대한 경험까지도 포함합니다. 그런데 죽음이 주는 상실을 과연 어떻게 인식할 것인가, 그리고 그것에 따르는 슬픔이나 애도와 같은 실제 세계에서의 감정을 아바타끼리만 나누면 되는 것인가 아니면 물리적 세계의 아바타인 '원 자아'와 연결시킬 것인가는 여전히 탐구되어야 할 주제입니다.

# 디지털 불멸과
# 철학적 존재의 모순성

인공지능 시대에 불멸의 의미는 세속화되었습니다. 과거에 불멸은 신이나 천사의 영역에 속했지만 이제는 철학자, 과학자, 실리콘 밸리가 결탁하여 기술로 해결하려는 일종의 지적 및 재정적 투자의 대상이 되었습니다. 예를 들면 '영원히 사는 꿈을 갖고' 많은 사람들이 선택한 것은 죽는 것보다 '냉동 보존'이었습니다. 그들은 과학의 발전에 힘입어 언젠가는 두 번째 삶의 기회를 얻기를 선택했다고 볼 수 있을 것입니다. 또한 노화를 늦추거나 궁극적으로 막을 수 있는 '회춘'이라는 기술과 같은 생물학적인 불멸의 방법에 더하여 인공지능 시대에는 디지털 기술로 불멸의 길을 택하는 것도 가능해졌습니다. 이를 가리켜 디지털 불멸이라고 하는데 '사망 후 디지털화 되어 능동적 또는 수동적으로 온라인에서 여전히 지속되는 존재'를 말합니다.

디지털 기술로 불멸을 추구하는 경우 사람의 두뇌를 디지털 방식으로 스캔하여 컴퓨터에 마음을 복사한다는 '마음 업로드Mind Upload' 미래 기술이 있습니다. 마음 업로드 또는 뇌 업로드는 특정 뇌의 상태를 스캔하는 가상의 미래 기술입니다.[67] 이 아이디어는 의식을 일종의 유기물로 된 하드 디스크에서 실행되는 소프트웨어와 유사하다는 전제를 지닙니다. 그런 관점에서 본다면 개인을 규정하는 것은 두뇌에 저장된 정보의 총합일 것이므로 특정 인물을 나타내는 '자신'을 다른 곳으로 이주imigration, 移住시키는 것이 가능하다고 보여집니다. 그러니까 컴퓨터 파일을 이 컴퓨터에서 저 컴퓨터로 옮기더라도 그 내용이 바뀌지 않는 것과 같은 이치입니다. 그렇게 사람의 뇌를 '컴퓨터'로 이주시킨 후 뇌의 정보 처리 시뮬레이션 모델을 실행하면 원래의 뇌와 본질적으로 동일한 방식으로 반응할 것이므로 육체적으로 존재하던 뇌와 구별할 수 없는 상태가 되어 의식적인 마음을 가진 경험을 할 수 있다는 가설을 갖게 된 것입니다.

설령 그렇게 옮겨진 개인의 뇌가 있다면 그것은 '어디'에 존재하게 된다는 것일까요? 비록 지금이 인공지능 시대라고 하지만 그것을 정확하게 말하기는 어렵습니다. 그런 '디지털화 된 뇌'의 거주 장소가 마련된다고 할 때 언젠가는 뇌를 디지털 형태로 복제한다는 아이디어는 죽음학에서도 중요한 주제가 될 것입니다. 사람들은 영원히 살기 위하여 회춘에도 관심이 많습니다. 회춘은 육체적인 또한 그로 인한 정신적인 젊음을 지향하는 것으로 노화를 거부하는 또 하나의 영원한 삶에 대한 희망입니다. 회춘과 관련된 과학 기술의 발견에 대한 최신 뉴스가 종종 발표되곤 하지만 회춘과는 달리 마음 업로드는 급속히 발전하는 디지털 기술로 인하여 실제로 그 가능성이 열려 있는 것처럼 보이게 합니다.

개인의 뇌-마음 파일을 외부 저장 드라이브 또는 클라우드 저장 장치에 백업하는 것처럼 업로드 할 수 있다면 이것은 수없이 복사될 수 있고, 백업되어 보관될 수도 있어 자연재해나 인공 재해로 인한 손실이나 파괴가 있더라도 얼마든지 복제할 수 있어 불멸할 것입니다. 이런 현상이 가능하게 된다면 어떤 윤리적인 문제가 생겨날까요? 데이비드 차머스<sup>David Chalmers</sup>와 같은 일부 철학자들은 당신의 뇌를 업로드 했다면 그 업로드 된 디지털 뇌는 당신이 겪었던 세상에 대한 의식적인 경험이 없음에도 마치 그것을 경험했던 것처럼 기능적으로 동일하게 보일 가능성이 있다고 얘기합니다. 그렇다면 그것은 사람이라기보다 일종의 좀비<sup>zombie</sup>에 가깝지 않을까요? 좀비는 죽은 자가 부활하여 만들어진 가상의 죽지 않는 육체적 망령입니다. 영화 '부산행'에서의 수많은 좀비들의 기억이 생생할 것입니다.

만일 자신의 뇌가 디지털화 되어 업로드 되고 어딘가에 저장되어 복제된다면 그것을 자신이라고 생각할 수 있을까요? 사람에게 있어서 '죽음은 빼앗길 수 없는 권리'라고 주장한 카스텐바움의 입장에서 본다면 마인드 업로드 기술은 그 권리를 빼앗아가는 것일까요? 자신의 좀비가 여기저기 디지털화 되어 복제된다는 것은 끔찍한 면이 있지만 불멸을 주장하는 사람들에게는 충분히 호소력 있는 기술입니다. 디지털로 존재하기에 전원을 끄게 되면 소멸되겠지요. 그런데 외부와 의사소통을 할 수 없거나 전원을 끌 수 없다면 어떻게 될까요? 그렇게 되면 불멸은 축복이라기보다 저주에 가까울까요? 카스텐바움이 말한 것처럼 빼앗길 수 없는 인간의 권리라는 죽음은 그런 시대에는 더 이상 선택 사항이 아닐 수도 있습니다. 디지털에서는 그냥 그대로 존재하는 것이니까요.

디지털 불멸에서 업로드된 마음을 여기저기 복제가 가능하다면 원본과 동시에 사본을 실행할 가능성이 있습니다. 철학에서 말하는 대중적인 입장은 어떤 사람을 정의할 때 그 개인이 단수로 남는 것이 매우 중요한 전제입니다. 그런데 디지털화 되어 두뇌가 복제된다면 개인의 정체성 '분열'은 죽음에 해당한다는 의미입니다. 만약 당신이 '당신 1'과 '당신 2'로 나누어진다면 당신은 존재하는 것을 멈출 것이고 모든 의도와 목적에 있어서 당신을 죽게 할 것입니다. 곧 디지털 불멸은 철학적으로 볼 때 이미 '죽은 것'입니다. 어쩌면 생물학적인 회춘이 윤리적으로는 문제를 적게 일으킬 것으로 보입니다. [68]

데이터 마이닝과 인공지능의 발전은 이제 '죽음 후' 활동적인 존재에 대한 기술 발전을 더욱 부추기고 있습니다. 데이터 마이닝은 대규모 데이터 속에 존재하는 통계 규칙이나 패턴을 분석하여 가치 있는 정보를 찾는 과정입니다. 여러 가지 기술을 사용하여 이런 정보를 활용하게 되면 수익을 늘리고 비용을 줄이면서도 고객과의 관계를 개선하는데 큰 도움을 받을 수 있습니다. 예를 들면 특정인이 사망 전에 온라인 프로필을 만들어둔 것이 있다면 특정 사망자의 스타일로 미디어 이벤트에 대한 새로운 논평을 생성할 수 있는 인공지능 시스템을 만드는 것이 가능해진 시대가 되었기 때문입니다.[69] 개인의 원함과 상관없이 이러한 문제는 도래할 것이기에 필멸의 인간으로서 불멸의 사태에 대비해야 할 것입니다.

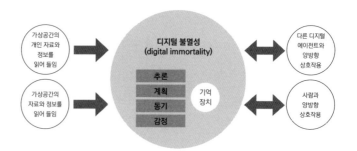

**출처: 디지털 불멸성을 갖는 디지털 존재(digital creature)**

# 〉〉〉〉 주 석

[1]  Becker, E.(1997). *The Denial of Death, Free Press*. p. 50. 김재경 번역.

[2]  Jansen, A; Nguyen, X; Karpitsky, V; Mettenleiter, M (1995). "Central Command Neurons of the Sympathetic Nervous System: Basis of the Fight-or-Flight Response". *Science Magazine*. 270, 644-6.

[3]  Kűbler-Ross. E.(1997). *The Wheel of Life. Simon & Schuster*: New York. p. 15 김재경 번역.

[4]  C. S. Lewis (1994). *A Grief Observed, Harper Collins*. p. 50. 김재경 번역.

[5]  Balk, D. E.& Meagher, D. K.(2013). *Handbook of Thanatology : The Essential Body of Knowledge for the Study of Death, Dying and Bereavement*. The Thanatology Association. Routledge.

[6]  임병식 & 신경원 (2017). *죽음교육교본*, 가리온.

[7]  Saunders, C. M.(1988). Spiritual Pain, *Journal of palliative care*. Vol 4, Issue 3, 29-32.

[8]  Rudolf von Jhering.(1997). *The Struggle for Law*. The Lawbook Exchange LTD. Translated by John J. Lalor.

[9]  Doka, K.J. (Ed.). (1989). Disenfranchised grief: Recognizing hidden sorrow. Lexington, MA: Lexington Books.

[10]  Bonanno, G.A.(2009). The Other Side of Sadness: What the New Science of Bereavement Tells Us About Life After Loss. New York: Basic Books.

[11]  Lin, K., Sandler, I. W., Ayers, T., Wolchik, S., & Laucken, L. (2004). Resilience in parentally bereaved children and adolescents seeking preventive services. *Journal of Clinical Child and Adolescent Psychology*, 33, 673-683.

[12]  Hoy, William G. (2013). *Do Funerals Matter? Purposes and Practices of Death Rituals in Global Perspective*. Routledge.

[13]  *Stedman's Medical Dictionary* (28th ed.). Philadelphia: Lippincott Williams & Wilkins. 2006.

[14]  Karch DL, Logan J, Patel N (August 2011). "Surveillance for violent deaths—National Violent Death Reporting System, 16 states, 2008". MMWR. *Surveillance Summaries*. 60 (10): 1–49.

[15]  Bruffaerts R, Demyttenaere K, Hwang I, Chiu WT, Sampson N, Kessler RC, et al. (July 2011). "Treatment of suicidal people around the world". *The British Journal of Psychiatry*. 199 (1): 64–70.

[16]  https://www.helpguide.org/articles/suicide-prevention/suicide-prevention.htm.

[17]  https://www.helpguide.org/articles/suicide-prevention/suicide-prevention.htm.

[18]  Kastenbaum, R.& Brian L. M.(1971). Premature Death and Self-Injurious Behavior in Old Age. *Geriatrics* 26, 70–81.

[19]  Shneidman, E. S.(1981). Orientations toward Death: Subintentioned Death and Indirect Suicide. *Suicide and Life-Threatening Behavior*. 11, no. 4, 232–253.

[20]  Bodnar, A.G. (1998). "Extension of life-span by introduction of telomerase into normal human cells". 《Science》 279 (5349): 349–352.

[21]  https://ko.wikipedia.org/wiki/%ED%85%94%EB%A1%9C%EB%A F%B8%EC%96%B

[22]  Fox, S.S.(1985). *Good Grief: Helping Groups of Children When a Friend Dies*. New England Association for the Education of Young Children.

[23] Fox, S.S.(1988). *Good Grief: Helping Groups of Children When a Friend Dies*. Boston: New England Association for the Education of Young Children.

[24] Erikson, E. H .(1982). *The life cycle completed*. New York: W.W. Norton & Company.

[25] Health. H. & Cowly. S. (2004), Developing a grounded theory approach: a comparison of Glaser and Strauss. *International Journal of Nursing Studies*, 41(2), 141-150.

[26] O'Neil, L.(2018). *Humanology: A Scientist's Guide to Our Amazing Existence*. Gill&Macmillan Ltd.

[27] Doka, K.J. (Ed.). (2002). *Disenfranchised grief: New directions, strategies, and challenges for practice*. Champaign, IL: Research Press.

[28] Kaufman, K.R., & Kaufman, N.D. (2006). And then the dog died. *Death Studies*, 30, 61-76.

[29] Bronnie Ware (2019). *The Top Five Regrets of the Dying*, Hay House. p. 197.

[30] Wallston, K. A., Burger, C., Smith, R. A.& Baugher, R. J.(1988). Comparing the quality of death for hospice and non-hospice cancer patients. *Medical Care*, 26(2). 177-82.

[31] https://news.stanford.edu/2005/06/14/jobs-061505/김재경 번역.

[32] https://news.stanford.edu/2005/06/14/jobs-061505/김재경 번역.

[33] Vinyals and Le, "*A Neural Conversational Model*," Proceedings of the 31 st International Conference on Machine Learning, Lille, France,

2015. JMLR: W&CP volume 37. Copyright 2015 by the author(s).

[34]  Tiedemann, J. News from OPUS - A collection of multilingual par-
      allel corpora with tools and interfaces. In Nicolov, N., Bontcheva,
      K., Angelova, G., and Mitkov, R. (eds.), *Recent Advances in Natural
      Language Processing*, volume V, pp. 237–248. John Benjamins, Am-
      sterdam/Philadelphia, Borovets, Bulgaria, 2009.

[35]  Jordi Vallverdu and Max Talanov, "Importance of Life and Death for
      Artificial Intelligent Creatures," *The American Philosophical Associ-
      ation*, News Letter, 2017.

[36]  Bringing Back the Dead via Chatbot: Some Concerns. https://bio-
      ethics.georgetown.edu/2017/02/ bringing-back-the-dead-via-chatbot-
      some-concerns/

[37]  Suzanne Bearne., 'How your digital self could 'live' on after you die,'
      https://www.bbc.com/news/business-40935790

[38]  Deborah J. Passet. Who Wants to Live Forever? Living, Dying and
      Grieving in Our Digital Society, Soc. Sci. 2015, 4, 1127–1139.

[39]  Raad Bin Tareaf, Seyed Ali Alhosseini, Philipp Berger, Patrick Hen-
      nig, Christoph Meinel., *Towards Automatic Personality Prediction
      Using Facebook Likes Metadata*, IEEE International Conference on
      Intelligent Systems and Knowledge Engineering (ISKE 2019).

[40]  Muhammad A Ahmad, Carly Eckert, Greg McKelvey, Kiyana
      Zolfagar, Anam Zahid, Ankur Teredesai, Death versus Data Science:
      Predicting End of Life., The Thirtieth AAAI Conference on Innova-
      tive Applications of Artificial Intelligence (IAAI-18).

[41]  Ritta Dianne G. Ramos& Dolorosa C. Pasia., *25So Close: Measuring
      Social Distancein Virtual Relationships,* Plaridel (August 2007) 4:2,
      25-46.

[42]   Virginia Storick 외, "*Improving palliative care with machine learning and routine data*," HRB Open Research.

[43]   Anand Avati 외, "*Improving Palliative Care with Deep Learning*," IEEE, 2017.

[44]   Amrallah A Mohammed, Omar Al-Zahrani, Reham A Salem, and Fifi Mostafa Elsayed. "Aggressive Care at the End of Life; Where Are We?," Indian J Palliat Care. 2019 Oct-Dec; 25(4): 539–543.

[45]   Margaret Manning, Are you ready for your digital afterlife? https://sixtyandme.com/are-you-ready-for-your-digital-afterlife/.

[46]   New Scientists. Digital legacy: The fate of your online soul. https://www.newscientist.com/

[47]   Faheem Hussain, Our Digital Afterlife, Arizona State University, Tempe, AZ.

[48]   Trusted Reviews. 'Robots, Time-Travel and Eternal Life: 9 predictions from a professional tech futurist,' 2017. 8. 3.

[49]   Deborah J. Passet. Who Wants to Live Forever? Living, Dying and Grieving in Our Digital Society, Soc. Sci. 2015, 4, 1127–1139.

[50]   Chandramouli Balasubramanian, et. al.,"Thanatophobia": Physician's Perspective of Dealing with Patients with Fear of Death, J Nat Sci Biol Med. 2018 Jan-Jun; 9(1): 103–104.

[51]   Joseph, J.S. & Gray, M.J. (2008). Exposure Therapy for Posttraumatic Stress Disorder. Journal of Behavior Analysis of Offender and Victim: *Treatment and Prevention*, 1(4), 69-80.

[52]   MAGGI SAVIN-BADEN, DAVID BURDEN, and ELEN TAYLOR. 'THE ETHICS AND IMPACT OF DIGITAL IMMORTALITY,' *Knowledge Cultures* 5(2), 2017.

[53] CHESTER GORDON BELL, Jim Gray. 'Digital immortality,' Communications of the ACM, March 2001 https://doi.org/10.1145/365181.365182.

[54] Chester Gordon Bell., "The Cyber All Project: A Personal Store for Everything," MSR-2000-TR-75Affiliation: Microsoft Research.

[55] Brenda Kay Wiederhold., 'Collective Grieving in the Digital Age,' Cyberpsychology, *Behavior, and Social Networking* 20(10):585-586.

[56] Anne M. Smith , Corinne Cavuoti,(2013). Thanatology in the Digital Age in the Handbook of Thanatology.

[57] MASA HIGO., SURVIVING DEATH-ANXIETIES IN LIQUID MODERN TIMES: EXAMINING ZYGMUNT BAUMAN'S CULTURAL THEORY OF DEATH AND DYING, HIGO, 2012, Baywood Publishing Co., Inc.

[58] How the internet is changing the way we grieve?, https://theconversation.com/how-the-internet-is-changing-the-way-we-grieve-100134.

[59] Ware, Resa(2016), "The Impact of Social Media on the Grieving Process". Masters Theses. 2452. https://thekeep.eiu.edu/theses/2452.

[60] Barberia I, Oliva R, Bourdin P, Slater M (2018) Virtual mortality and near-death experience after a prolonged exposure in a shared virtual reality may lead to positive life-attitude changes. PLOS ONE 13(11).

[61] How does VR help dying people?, https://www.death.io/can-virtual-reality-help-those-who-are-dying/

[62] Robots and the Future of Dying: https://nuvomagazine.com/culture/robots-and-the-future-of-dying

[63] 통계청 보도자료, 「장래가구추계: 2010년~2035년」, (2012. 4. 26).

[64] Rise of the Healthcare Robots: Five Ethical Issues To Consider, https://cmfblog.org.uk/2016/03/30/rise-of-the-healthcare-robots-five-ethical-issues-to-consider/

[65] How can doctor-patient communication be improved in palliative care?, Independent., https://www.independent.co.uk/news/long_reads/health-and-wellbeing/doctor-patient-palliative-care-end-life-a9080751.html

[66] Margaret Gibson, and Clarissa Carden, Living and Death in the Virtual World: Digital Kinships, Nostalgia, and Mourning in Second Life., *Palgrave Macmillan Memory Studies*. 2018.

[67] Mind uploading. https://en.wikipedia.org/wiki/Mind_uploading.

[68] Francesca Minerva, https://singularityhub.com/2017/08/ 09/what-are-the-ethical-consequences-of-immortality-technology/

[69] Maggi Savin-Baden, David Burden, and Elen Taylor. 'The ethics and impact of digital immorality,' *Knowledge Cultures* 5(2), 2017.

# 〉〉〉〉 참 고 자 료

1. Sofka, C. J., Cupit, I. N., & Gilbert, K. R. (Eds.). (2012). Dying, Death, and Grief in an Online Universe: For Counselors and Educators. Springer Publishing Company.

2. Quality of Death Index. http://www.lienfoundation.org/sites/default/files/qod_index_2.pdf.

3. Remain Immortal Through End-Of-Life Applications, http://www.nationalmemorialplanning.com/remain-immortal-through-end-of-life-applications. 2018.

4. Is Your Digital Life Ready for Your Death?. https://www.nytimes.com/2017/01/18/technology/is-your-digital-life-ready-for-your-death.html

5. Creating a Digital Legacy. http://deadsocial.org/about

6. Why the "You" in an Afterlife Wouldn't Really Be You, https://www.scientificamerican.com/article/why-the-ldquo-you-rdquo-in-an-afterlife-wouldnt-really-be-you/

7. Itxaso Barberia, et. al., Virtual Mortality and Near-Death Experience after a Prolonged Exposure in a Shared Virtual Reality May Lead to Positive Life-Attitude Changes., PLoS One. 2018; 13(11): e0203358.

8. Pierre Bourdin, et; al., A Virtual Out-of-Body Experience Reduces Fear of Death., PLOS One. 2017; 12(1): e0169343.

9. Blogging Statistics 2020: How Many Blogs Are Out There?, https://firstsiteguide.com/blogging-stats/

10. https://www.freethink.com/videos/coffin-building-club-helps-seniors-face-death-and-enjoy-life

11. https://variety.com/2018/gaming/features/death-and-vr-1202793804/

12. https://blog.allpsych.com/can-dying-in-virtual-reality-change-your-

life/

13. Vermont Conversation Lab. http://www.med.uvm.edu/vermontcon-versationlab/machine-learning-connectional-silence.

14. Richard Erard. How Can Doctors Find Better Ways to Talk – and Listen – to Patients Close to Death? https://mosaicscience.com/story/end-of-life-care-conversations-dying- palliative-doctors-linguistics-ai/

15. Maggi Savin-Baden, David Burden, and Elen Taylor. 'The Ethics and Impact of Digital Immortality,' Knowledge Cultures 5(2), 2017.

16. 권석만(2019). *삶을 위한 죽음의 심리학*. 학지사.

17. 김재경, 임병식(2020). *싸나톨로지(죽음학): 공교육에서 최초로 개설하며*. 한국교양교육학회 춘계학술대회, 발표 학술집, 52-60.

18. 김재경, 임병식(2020). 삶과 죽음을 성찰하는 싸나톨로지의 대학 공교육을 위한 인식조사. *교양교육연구*, 14(5), 189-200.

19. 윤득형(2015). *슬픔학개론*. 샘솟는 기쁨.

20. 이이정(2011). *죽음학 총론*. 학지사.

21. 임병식, 신경원(2017). *죽음교육교본*. 가리온.

22. 최준식(2013). *죽음학 개론*. 모시는사람들.